만델라는 남아프리카 공화국 최초의
흑인 대통령이자 흑인 인권 운동 지도자입니다.
남아프리카 공화국은 17세기 중반부터 시작된 백인의 지배로
고통받아 온 나라였지요. 만델라는 빈곤과 질병, 무지 속에서
살아온 남아프리카 흑인들의 인권과 자유를 위해 싸웠고 대통령이
된 뒤에는 백인에게 화해의 손길을 내밀었어요. 1993년,
만델라는 남아프리카 공화국의 인종 차별 철폐에
기여한 공로로 노벨 평화상을 수상했어요.

추천 감수 김완기

- 한국아동문학회 중앙위원장, 한국아동문학연구회 수석부회장,
  국제펜·한국문인협회·한국저작권협회 회원.
- 초등학교 국어 교과서 집필·심의위원, 서울서래초등학교 교장 역임.
- 서울신문 신춘문예 동시 당선.
- 한국아동문학작가상, 한정동아동문학상, 대한민국동요대상 등 수상.
- 동화집 〈내 배꼽이 더 크단 말야〉 등 여러 권,
  동시집 〈엄마, 이게 행복인가 봐〉,
  이야기책 〈마음이 따뜻한 101가지 이야기〉 등 다수의 어린이 책을 썼습니다.

추천 감수 이창수

- 한국문인협회 아동문학분과 회장, 한국아동문예작가회 명예회장,
  한국아동문학회 부회장, 국제펜 회원.
- 어린이 전문 출판사의 편집장, 주간 등 역임.
- 한국아동문예작품상, 한국아동문예상, 한국아동문학작가상, 김영일아동문학상 수상.
- 〈파란 꿈을 먹은 아이들〉, 〈따뜻한 남쪽 나라〉, 〈공포의 진주 동굴〉, 〈우주 여행〉, 〈구조대원 곰돌이〉,
  〈화성인과 아기 도깨비〉, 〈백두산에서 감나무골까지〉, 〈바닷속 동굴에서 만난 사람〉, 〈정수가 위험해〉 등
  200여 권의 어린이 책을 썼습니다.

추천 감수 송명호

- 한국아동문학회 회장, 한국문인협회 상임이사,
  국제펜클럽 한국본부 이사.
- 제1회 문화공보부 5월 예술상, 제1회 소년한국 문학상,
  소천아동문학상, 한국문학상, 대한민국문학상, 국제펜문학상 수상.
- 동시집 〈다섯 계절의 노래〉, 동화집 〈명견들의 행진〉,
  영화 시나리오 〈소만 국경〉, 방송극 〈개벽〉,
  장편 아동 소설집 〈전쟁과 소년〉(전5권), 〈독판지 독도 탐방대〉,
  동극집 〈어린이 살롱 드라마〉와 〈한국·세계 위인 전기〉(전집) 등을 썼습니다.

추천 감수 이상현

- 한국문인협회 이사, 국제펜클럽 한국본부 감사, 한국아동문학회 수석부회장.
- 조선일보 기자, 서울 교통방송 편성국장, 숙명여대 및 인하대 강사 역임.
- 1962년 경향신문 신춘문예 동시 당선.
- 1979년 〈현대 시학〉 시 추천 완료.
- 한국문학상, 국제펜문학상, 세종아동문학상, 소천아동문학상, 김영일아동문학상, 한국동시문학상 등 수상.
- 동시집 〈햇빛마을 가는 길〉, 동화집 〈짝꿍〉 등 다수의 어린이 책을 썼습니다.

글 신춘행

- 한국일보 신춘문예 동화 당선.
- 경남아동문학상, 계몽아동문학상, 한국동화문학상, 남명특별문학상 수상.
- 진주교대 졸업 후 경남 산청, 진주, 통영, 삼천포 등의 학교를 거쳐 서울 알로이시오,
  신사, 창동 초등학교 교사 역임.
- (재)사랑의 일기 지도교사 전국협의회장, 한국문인협회,
  한국아동문학인협회, 계몽아동문학 회원.
- 현재 서울 이문초등학교 교사.
- 〈향기 나는 친구〉를 비롯하여 40여 권의 장·단편 동화집과 〈백범일지〉,
  〈허균〉 등 15권의 위인전을 집필했습니다.

그림 권영묵

- 출판미술협회 회원.
- 프리랜서 일러스트레이터.
- 〈은빈이의 외출〉, 〈사람은 무엇으로 사는가〉, 〈내 몸이 작아졌어요〉
  〈아인슈타인〉 등의 어린이 책에 그림을 그렸습니다.

■ 〈교과서 큰 인물 이야기〉는 한국아동문학회 회원 550여 분의 문인
선생님들께서 '어린이들에게 바람직한 인성과 가치관을 길러 주며,
쉽고 친절한 문장과 알찬 지식으로 어린이들의 독서 활동에 유익한
도움을 주는 책'으로 추천해 주셔서 한국아동문학회 출판문화대상
을 수상했습니다.

교과서 큰 인물 이야기 24 만델라

펴낸이 박연환 | **펴낸곳** (주)한국헤르만헤세 | **출판등록** 제17-354호 | **본사** 경기도 성남시 분당구 금곡동 444-148 한국헤르만헤세 빌딩 | **대표전화** (031)715-7722 | **팩스** (031)786-1100 |
고객문의 080-715-7722 | **편집 책임** 김원선 | **디자인** 장선희, 김영주, 전선아 | **교정** 양은하, 이효선 | **교정 진행** 김진형, 정현희, 김승현, 허영란 | **이미지 제공** 연합포토, 엔싸이버 포토렌탈, 이미지클릭, 국립
중앙박물관 | ⓒ Korea Hermannhesse | 이 책의 저작권은 (주)한국헤르만헤세가 소유하고 있으므로 본사의 동의나 허락 없이 내용이나 그림을 어떠한 방법으로도 사용할 수 없습니다.
주의 본 교재를 던지거나 떨어뜨리지 않도록 주의하십시오. 다칠 우려가 있습니다. 고온 다습한 장소나 직사광선이 닿는 장소에는 보관을 피해 주십시오.

만델라
Nelson Mandela

글 신충행 | 그림 권영묵

한국헤르만헤세

흑백의 인종 차별을 없앤 세계 인권 운동가

남아프리카 공화국은 오랜 세월 동안 백인의 지배를 받아야 했어요. 가난과 질병, 무지 속에서 살아온 남아프리카의 흑인들에게 자유를 얻게 해 준 사람이 바로 넬슨 만델라이지요.

어릴 때부터 부당하게 차별 대우를 받아 온 만델라는 자신의 한평생을 흑인을 위해 살아갈 것을 결심했어요. 당시 남아프리카 공화국은 백인과 흑인의 차별이 심해, 흑인은 정해진 곳에서만 살아야 했고, 백인보다 더 많은 세금을 내야 했답니다. 더구나 백인과 모든 것을 따로 사용해야 하는 등 짐승보다 못한 취급을 받아야 했지요.

그는 아프리카 인의 권리를 되찾기 위해 결성된 아프리카 민족회의에 가담해 저항 운동을 전개했어요. 결국 남아프리카 공화국에 대한 반란을 일으키려 했다는 죄목으로 감옥에 갇혀 종신형을 선고받게 되지요. 하지만 그는 끝까지 자신이 옳다고 믿은 신념을 절대 굽히지 않았어요. 그는 감옥에 갇힌 지 무려 27년 만에 석방된 진정한 인권 운동의 투사였지요.

그의 끊임없는 노력은 결국 350여 년에 걸친 남아공 백인 정권의 흑백 차별 정책을 종식시켰고, 흑인 다수 사회인 남아공에서 백인의 통치를 끝내는 데 결정적인 업적을 남겼어요. 그는 1993년 노벨 평화상을 받았으며, 1994년에는 최초로 남아프리카 공화국의 흑인 대통령이 되었답니다.

억지나 무력을 쓰지 않고 화해와 관용으로 흑백의 갈등을 풀어 낸 위대한 정치가이며, 무자비한 투옥과 온갖 억압을 받으면서도 모든 사람의 평등을 위해서 한목소리를 냈던 진정으로 용기 있는 사람 만델라는 이제 세계 인권 운동의 상징이 되었어요.

글쓴이 신 충 행

교과서 큰 인물 이야기 24

만델라

자유를 잃은 땅

트란스케이* 지역의 어느 한적한 마을, 어느 할아버지가 조그마
한 아이들을 모아 놓고 이야기를 하고 있었습니다. 할아버지의 표

8

▲ 농업과 동물 사육을 주요 경제 활동으로 하는 트란스케이의 집들.

정은 무척 진지했어요. 비장함마저 감돌았지요. 아이들의 까만 얼굴에서 눈동자만 반짝반짝 빛나고 있었어요.

"애들아, 잘 기억해 두렴. 우리 조상들은 여기저기 자유롭게 옮겨 다니며 살았단다. 우리 부족의 군대도 있었고, 다른 부족과 무역도 했어."

할아버지는 한숨을 푹 내쉬고 다시 말을 이었어요.

"그때가 참 좋았었지. 그때는 나라가 우리 것이었거든. 땅은 말할 것도 없고, 숲과 강도 우리 것이었지. 정부도 물론 우리 것이었고……. 정말이야."

아이들은 눈을 깜빡이며 열심히 들었어요. 그 아이들 중엔 넬슨 만델라도 있었답니다.

'우리가 이렇게 수가 더 많은데 왜 백인들에게 꼼짝하지 못하는 걸까?'

'왜 피부색 하나만으로 편을 갈라놓는 것일까?'

만델라는 모든 것이 궁금했어요.

할아버지는 백인들이 몰려오기 전에 이곳이 얼마나 자유로운 땅이었는지를 이야기했어요.

"하지만 트란스케이는 더 이상 자유의 땅이 아니야."

할아버지는 고개를 절레절레 저었어요.

트란스케이 지역은 남아프리카의 원주민 보호 구역 중 하나였던 것입니다.

당시의 남아프리카는 영국의 식민지였어요.

백인들의 횡포는 갈수록 심해졌지요. 동인도 회사*는 아프리카 인들에게서 모든 권리를 빼앗으려 했어요. 땅은 물론이고 다이아몬드와 금 광산까지 넘봤어요. 그리고 광산을 개발하기 위해 노동력을 착취하고, 아프리카 원주민들에게 불리한 법들을 만들기 시작했어요.

＊동인도 회사
17세기에 유럽 각국이 인도 및 동남아시아와 무역하기 위해서 동인도에 세운 무역 독점회사.

아프리카 인들은 백인들의 지시에 따라 일을 했어요. 뜨거운 한낮에도 밭에 나가 일을 했어요.

또 백인들은 들어가지 않는 위험한 광산에 들어가 금을 캐 오기도 했어요.

백인들은 아프리카 인들을 이용해 특이한 물건들을 얻어서, 다시 백인들에게 팔았답니다. 그래서 백인들은 점점 부자가 되었어요.

그러나 열심히 일한 아프리카 인들에게 돌아오는 것은 고작 조그마한 쇳조각이나, 질이 나쁜 곡식 등 초라한 것뿐이었지요.

"이런 건 우리에게 필요 없어."

"맞아. 이런 쇳조각 없이도 우린 잘살아 왔다구."

처음엔 순순하게 일을 해 주던 아프리카 인들은 점점 불만을 갖기 시작했어요.

*탄압
어떤 행위나 활동을 권력이나 무력 따위로
억눌러 꼼짝 못하게 함.

그리고 아프리카 인들은 백인들의 지배를 거부하며 반대 운동을 펼치기도 했답니다. 그러나 백인들은 그들을 무자비하게 탄압*했어요. 아무리 수가 많아도 총과 칼을 들고 있는 백인의 군대를 이길 수는 없었답니다.

만델라는 어려서부터 이런 모습을 지켜보았어요.

'대체 왜 백인들은 우리를 가만히 두지 않는 걸까? 할아버지 말씀대로 우리는 우리끼리도 잘살 수 있어. 언제까지 이유도 모르고 백인에게 목숨을 잃어야 하는 거야!'

어린 만델라의 눈에서는 분노의 눈물이 흘러내렸습니다.

이런 만델라에게 또 다른 시련이 닥쳐왔습니다. 1930년에 템부 족의 작은 마을의 지도자였던 아버지가 돌아가셨던 것입니다.

"언제나 내게 힘을 주고, 조용히 지켜봐 주었던 따뜻한 눈동자가 사라지다니……. 흑흑흑, 아버지! 아버지!"

그러나 오래 슬퍼할 틈이 없었어요.

어머니는 오랜 생각을 한 끝에 만델라를 템부 족의 추장에게 보냈어요. 그리고 만델라는 템부 족의 관습에 따라 추장의 아들이 되었습니다.

아버지를 잃고 어머니와 떨어져 살아야 하는 슬픔이 견디기 힘들
었지만 만델라는 마음을 굳게 먹었어요.

추장의 아들이 된 만델라는 좋은 음식을 먹고, 좋은 옷을 입을 수
있었어요. 그리고 추장의 아들 저스티스와 매우 가까운 친구가 되
었어요.

추장은 만델라에게 서구식 교육을 시켰습니다. 그건 만델라의 부
모님이 원했던 일이었어요.

만델라는 학교에서 많은 지식을 배울 수 있었어요.

지식뿐 아니라 생각의 폭도 더욱 넓어셨습니다.

'우린 모두 똑같은 인간이야. 백인이 흑인을 짓밟을 이유는 없는
거야.'

한편으로는 이런 생각도 했어요.

'그러나 서양과 우리의 생활 수준은 많이 다르구나. 이 격차를 좁
히지 않는 한, 계속 백인에게 업신여김을 당하게 될 거야.'

만델라는 어린아이답지 않은 생각을 했답니다. 그리고 반드시 나
라를 위해 큰일을 하겠다고 마음을 먹었던 거예요.

학생 운동을 하다

어느덧 만델라는 열아홉 살이 되었어요. 생각이 깊을 뿐 아니라 몸 생김새도 매우 늠름했지요.

추장은 친자식이 아니지만, 그 누구보다 만델라를 믿어 주었어요. 만델라도 그 믿음을 저버리지 않으려 노력했답니다.

추장은 생각했어요.

'저스티스와 만델라가 벌써 저렇게 컸구나. 이제 고등 학교에 보내야 해. 그런데 이곳에서는 아무래도 큰 인물이 될 만한 교육을 받을 수 없겠지?'

추장은 한참 생각한 끝에, 저스티스와 만델라를 함께 힐드타운의 중고등 학교 기숙사로 보냈어요. 그곳은 만델라가 살던 곳보다 훨씬 큰 도시였답니다.

만델라는 점점 도시에서의 생활에 익숙해졌어요. 그리고 자신의 꿈을 발견하게 되었지요.

만델라가 사는 곳 근처에는 재판소가 있었어요. 그곳에서는 매일 재판이 열렸어요. 백인들과 아프리카 인, 때로는 백인들끼리의 재판도 열렸어요.

어느 날, 만델라는 우연히 재판 과정을 지켜보게 되었어요.

재판정의 가운데에는 재판장이 근엄한 표정으로 앉아 있었어요. 그리고 두 사람의 변호사가 서로의 주장을 펼치며 논쟁*을 펼쳤어요. 그리고 양쪽의 주장을 들은 뒤, 재판장이 결정을 내렸습니다.

만델라는 이 과정을 지켜보는 것이 매우 재미있었어요. 특히 변

*논쟁
서로 다른 의견을 가진 사람들이 각각 자기의 주장을 말이나 글로 논하여 다툼.

호사들이 하는 말을 관심 있게 들었어요. 변호사들은 자신의 의견
을 마구 주장하는 게 아니었거든요. 구체적인 증거와 질서 정연한
논리를 내세웠어요.

'나도 법률을 배우고 싶어. 그래서 억울한 사람을 구해 주는 훌륭
한 변호사가 될 테야.'

만델라는 재판 장면을 처음 보고는 깊이 감격했어요.

그래서 방학 때는 거의 매일 재판정에 들러 시간 가는 것도 잊은
채 모든 재판을 지켜보았어요.

그러나 시간이 지날수록 만델라의 가슴속에 커다란 의문이 생겼
어요.

'백인들끼리의 재판은 매우 공정하게 이루어지는 것 같아. 하지
만 흑인과 백인이 재판을 하면 무조건 흑인이 지잖아.'

▲ 만델라가 어린 시절을 보낸 템부 족의
초원.

* 참담
끔찍하고 절망적임.

* 짐바브웨
남부 아프리카에 있는 나라. 수도는 하라레. 남쪽으로 남아프리카 공화국, 남서쪽과 서쪽으로 보츠와나, 북쪽으로 잠비아, 북동과 동쪽으로는 모잠비크와 닿아 있어요.

* 무가베(1924~   )
시골 목수의 아들로 태어나 포트헤어 대학교를 졸업하고 독립운동에 앞장섰어요. 짐바브웨의 초대 총리에 이어, 1987년에는 대통령이 되었답니다.

재판정을 나서는 흑인의 얼굴은 참담*하기 이를 데 없었어요.

만델라는 이런 모습을 보면서 처음엔 의문이, 그리고 나중엔 분노가 일었어요.

그 어떤 변호사도 아프리카 인의 편에 서지 않았어요. 아프리카 인은 아예 변호사를 찾지 못해 억울한 일을 당하기 십상이었어요.

'왜 아프리카엔 아프리카 인을 변호해 줄 사람이 없는 거지?'

만델라는 주먹을 불끈 쥐었어요.

'내가 하겠어! 아프리카 인의 편에 서서 공정한 재판을 이끌어 줄 변호사가 되겠어!'

이렇게 만델라는 조금씩 자신이 해야 할 일에 가까워지고 있었습니다.

그리고 스무 살이 되던 1938년, 만델라는 포트헤어 대학교에 들어갔어요. 포트헤어 대학교는 선교사들이 설립한 학교였어요. 남아프리카에는 흑인이 다닐 수 있는 대학이 이곳밖에 없었답니다.

포트헤어 대학교는 수많은 남아프리카의 지도자들을 길러 낸 학교이기도 했지요. 짐바브웨*를 독립으로 이끈 로버트 무가베*와 보츠와나*의 세레츠 카마*도 이 대학에 다니고 있었지요.

만델라는 대학에서 여러 사람을 만났어요. 그들은 만델라에게 좋은 영향을 주었고, 좀더 넓게 생각할 수 있도록 도와주었습니다.

그리고 만델라는 포트헤어 대학에서 평생의 벗 올리버 탐보*도 만났어요. 올리버 탐보는 만델라와 같은 생각을 가지고 있는 친구였어요. 그 역시 아프리카 인들이 백인에게 부당한 대우를 받고 있다고 생각했던 거예요.

"아프리카는 흑인들의 땅이야. 난 반드시 이 땅을 흑인들의 손에 되돌려 주겠어!"

만델라는 탐보의 말을 듣고 고개를 끄덕였어요. 그리고 탐보의 손을 꼭 잡았습니다.

두 사람은 이렇게 말 없이도 서로 마음이 통할 수 있는 친구가 되었습니다.

그러나 순조롭던 대학 생활이 오래 가지는 않았어요.

만델라가 3학년 때였지요.

"으아, 배 아파. 아이고, 아이고."

수업 시간에 갑자기 한 학생이 배를 움켜잡고 쓰러졌어요. 학생들은 급히 그 학생을 양호실로 옮겼어요.

다시 수업을 시작하려 할 때 또 한 명의 학생이 쓰러졌지요. 그리고 또 한 명, 또 한 명……

이렇게 양호실로 실려가 몸져누운 학생은 한둘이 아니었어요.

학생의 대표였던 만델라는 양호실로 달려가 물었어요.

"선생님, 학생들이 갑자기 쓰러진 이유가 뭡니까?"

그러자 양호 선생님이 조심스럽게 대답했어요.

"식중독이야. 기숙사 식당의 음식을 먹고 집단 식중독을 일으킨 거야."

만델라는 그 순간, 비위생적인 기숙사 식당을 떠올렸어요. 그리

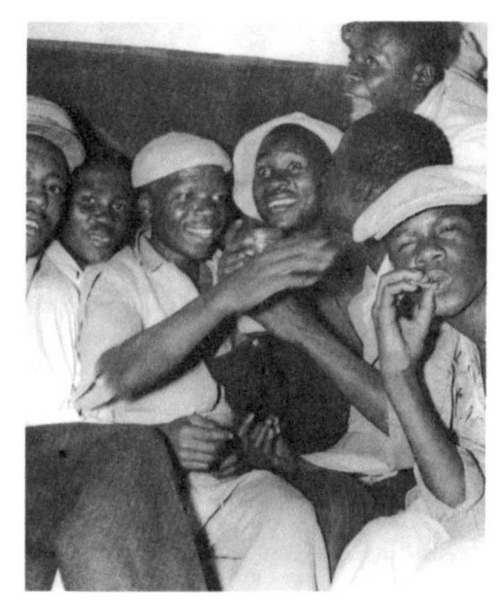

▲포트헤어 대학교 시절의 만델라.

---

* 보츠와나

남부 아프리카에 있는 나라예요. 수도는 가보로네. 국토의 대부분이 칼라하리 사막으로 되어 있으며, 남쪽은 남아프리카 공화국과 접하고 동쪽은 짐바브웨와 닿아 있어요.

* 세레츠 카마(1921~1980)

보츠와나의 정치가. 왕족으로 태어나 나라가 영국에서 독립한 뒤 초대 대통령을 지냈어요.

* 올리버 탐보(1917~1993)

만델라와 함께 변호사 사무실을 열어 흑인들의 인권 활동을 도왔으며, 아프리카 민족회의 지도자를 맡는 등 백인 정부에 대한 비폭력 저항, 파업 등의 항쟁을 꾸려 나간 만델라의 동지예요.

▲학생 대표 시절에 처음 사 입은 양복은 만델라에게 부쩍 도시적이고 어른스러운 느낌을 주었어요.

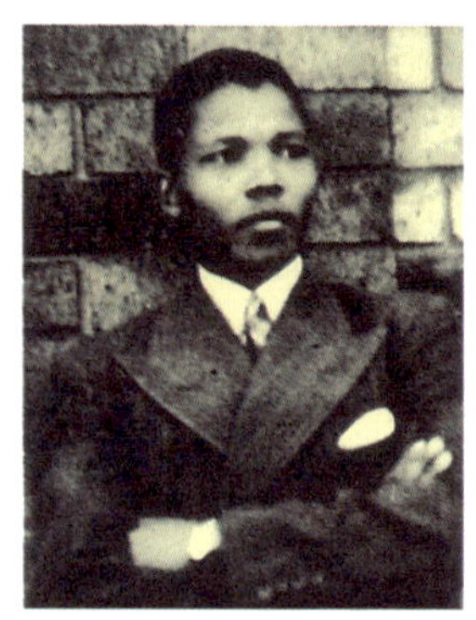

고 곧장 식당으로 달려갔어요. 주방으로 들어간 만델라는 너무나 놀라고 말았어요. 멀쩡한 재료들은 하나도 없었던 거예요. 만델라는 자기 눈으로 학생들에게 주는 음식이 썩은 재료들로 만든 것이라는 걸 확인했지요.

만델라는 기숙사 식당의 음식에 대해 항의했어요.

"맛좋은 음식을 달라는 게 아닙니다! 최소한 더럽지 않은 음식을 줘야 할 게 아닙니까? 벌써 수많은 학생들이 이 식당 음식을 먹고 쓰러졌습니다. 더 이상 희생자가 나오지 않도록 해 주십시오. 질 좋은 음식을 주십시오!"

그러나 학교 측은 콧방귀만 뀌었어요.

"싫으면 안 먹으면 그만이지. 안 그래?"

그러나 만델라는 이 말을 듣고 가만 있지 않았어요. 학생들과 함께 시위를 했어요.

"우리에게 깨끗한 음식을 제공하라!"

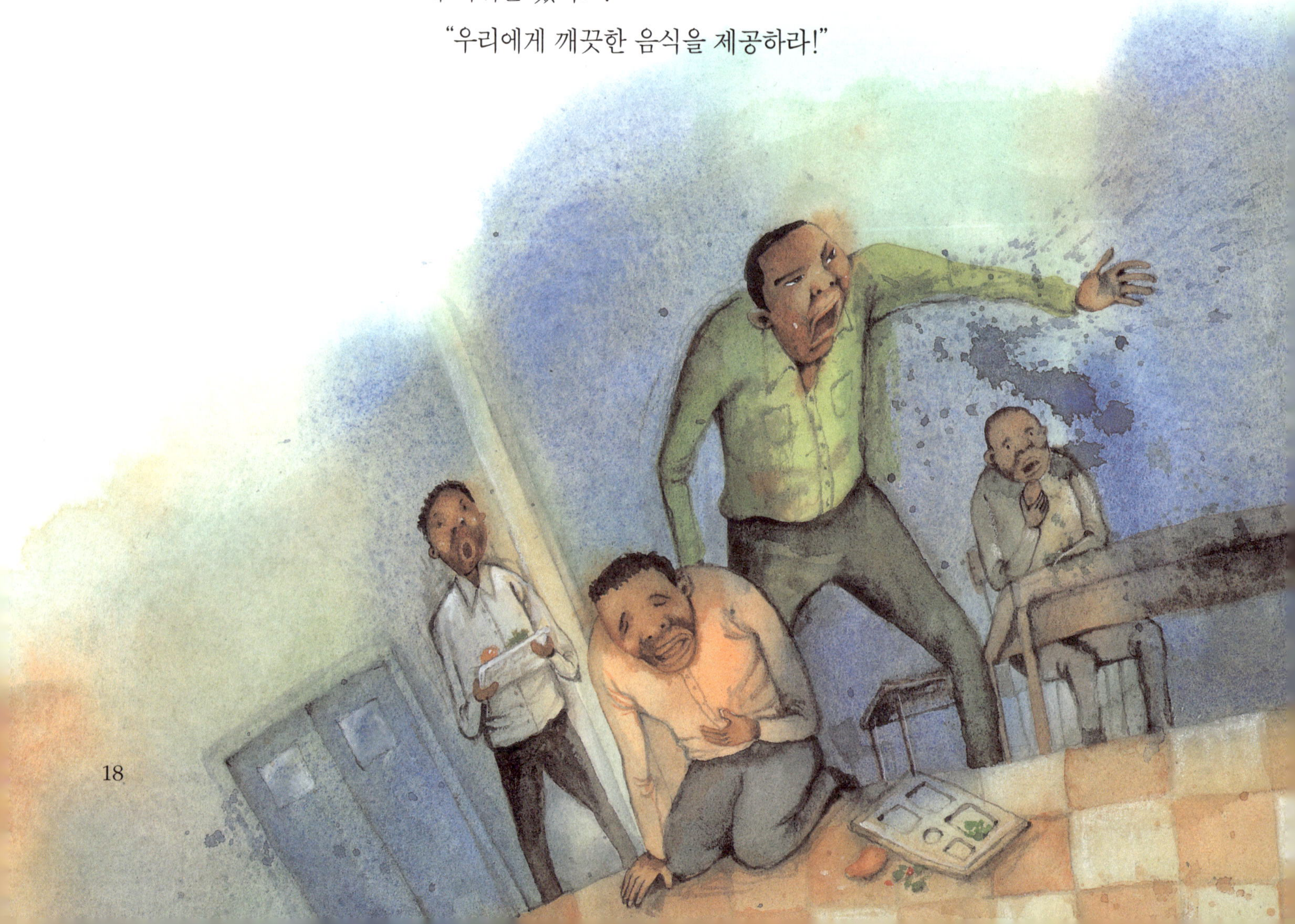

"우리는 질 좋은 음식을 먹을 권리가 있다!"
"학교 측은 반성하라, 반성하라!"
학교 안에서 매일 학생들의 시위가 벌어졌어요.
그러자 학교 측은 만델라를 학교에서 쫓아내고 말았어요.
이 일로 만델라는 실의*에 빠졌어요. 학교의 현실은 바뀐 것이 없었지만, 포트헤어 대학교의 학생이 아닌 이상 어찌 할 수가 없었기 때문이에요.

활기의 도시, 요하네스버그*

"아, 결국 아무것도 이루지 못한 채 학교에서 쫓겨나고 말았구나."
집으로 돌아온 만델라는 매일 한숨만 푹푹 내쉬었어요.
이 모습을 지켜본 추장도 가슴이 아팠답니다. 어떻게 해서든 만
델라의 마음을 풀어 주고 싶었어요.
그러던 어느 날, 추장은 만델라와 한마디 상의도 없이 만델라의

아내감을 구해 왔어요.

"만델라, 네 결혼 날짜를 잡아 왔단
다. 내가 네 아내감도 만나 보았는
데, 참 참하게 생긴 착한 여자더구
나."

만델라는 그 말을 듣고 깜짝 놀랐어
요. 학교일의 충격에서 아직 벗어나지
도 못했는데 원하지 않는 결혼까지 하
게 된 거예요.

▲ 요하네스버그의 흑인 거주지.

그 당시에는 아직도 부모님이 정해 준 대로 결혼하는 전통이 남
아 있었기 때문이에요.

신식 교육을 받은 만델라는 그 결혼 전통이 비합리적이라는 걸
알고 있었어요. 그러나 만델라는 차마 추장에게 싫다는 말을 할 수
가 없었어요.

"죄송합니다. 저를 생각해 주시는 마음은 잘 알지만, 전 이 결혼
을 할 수 없어요."

만델라는 이렇게 편지 한 장만을 남겨 두고, 저스티스와 함께 요
하네스버그로 달아났습니다.

요하네스버그는 매우 큰 도시에요. 일자리
를 구하기 위해 수만 명의 사람들이
몰려들고 있었지요.

▲ 일자리를 찾아 요하네스버그로 온 흑인들은 더럽고 비좁은 콘크리트 숙소에서 수백 명이 한꺼번에 잠을 잤어요.

*제조업
재료를 가공하여 물품을 만드는 일.

만델라와 저스티스도 그들 중 한 사람이 되기로 한 거예요.

당시 요하네스버그는 광물 생산과 함께 제조업*이 눈누시게 발전하고 있었어요. 만델라는 요하네스버그에서 빠르고 생동감 있는 도시 생활에 빠져들었습니다. 그러나 그곳의 인종 차별은 심각했습니다.

우선 흑인 노동자들이 살 집조차 없었답니다. 그래서 마구 판잣집을 만들어 세웠어요. 불법인 줄 알지만 달리 방법이 없었지요.

운 좋게도 만델라는 금방 일자리를 찾았어요. 크라운 광산에서 경비일을 하게 된 거예요.

그러나 며칠 후 추장이 그를 찾아왔어요. 추장의 얼굴은 노여움으로 일그러져 있었지요.

추장은 어떻게 해서든 만델라를 데려가려고 했어요. 그래서 부족의 전통도 잇게 하고, 자기 부족의 힘을 더 키우고 싶었던 거예요.

만델라는 꼼짝도 하지 않았어요. 그러자 추장은 소리를 꽥 질렀어요.

"널 키워 준 은혜를 잊지 않았다면 어서 집으로 가자. 지금 당장 짐을 꾸려라!"

그러나 만델라의 표정은 단호했습니다.

"죄송합니다. 저는 이곳에 남아 법률을 공부하고 싶습니다. 그래서 아프리카 사람들의 억울한 일을 풀어 주고 싶습니다."

추장은 만델라의 눈빛을 보았어요. 추장의 위엄 앞에서도 흔들리지 않는 그 눈빛을 보는 순간, 추장은 한숨을 푹 내쉬었어요. 어떤 말로도 그를 말릴 수 없다는 걸 알았기 때문이에요.

"네 뜻이 정 그렇다면 말리지 않으마."

그제야 만델라의 얼굴에 미소가 떠올랐어요. 추장은 그 모습을 보고 물었어요.

"그래, 살 곳은 있느냐?"

만델라는 한참 뒤에 대답했어요.

"금방 광산에서 쫓겨나고 말았어요. 이제 일자리도 없고 살 곳도 없습니다."

그러자 추장은 만델라의 어깨를 토닥이며 이렇게 말했습니다.

"시술루 씨를 한번 찾아가 봐. 많은 도움이 될 거야."

월터 시술루*는 요하네스버그 시내에서 부동산 소개일을 하고 있었어요.

처음엔 그도 다른 원주민들처럼 금을 캐는 광부일을 했었어요. 그러나 교육을 받아야 백인의 지배에서 벗어날 수 있다고 생각했어요. 그래서 낮에는 광부일을 하고 밤에는 통신으로 공부를 계속했지요.

1941년의 어느 날, 만델라는 시술루의 사무실을 찾아갔어요. 시술루는 만델라의 이야기를 다 듣고, 기꺼이 그에게 일자리를 마련해 주었어요. 그리고 만델라가 통신으로 학사 학위 과정을 공부하노록 학비도 내주있어요.

그리고 만델라는 에블린이라는 여자를 만났어요. 그녀는 병원의 간호사였답니다. 두 사람은 서로 사랑하게 되었고 결혼도 했어요.

1947년에 만델라는 올란도 웨스트에 방 세 칸짜리 집으로 이사를 했어요. 성냥갑처럼 작은 집이었지만 잠시나마 만델라는 가정을 이룬 행복감에 젖어들 수 있었답니다.

▲ 만델라와 에블린의 행복했던 시절.

* 월터 시술루(1912~2003)
가난한 환경에서 태어나 독학으로 공부를 마치고 올리버 탐보, 만델라 등과 함께 아프리카 민족회의의 지도자가 된 사람이에요.

아프리카 민족회의, ANC*

만델라는 다시 공부를 하고 싶었어요. 그래서 요하네스버그의 버트바터스란트 대학에 들어갔지요.

학교 공부 하랴, 가정 생활 꾸려 가랴, 몸이 열두 개라도 모자랄 지경이었어요.

그런데 그때, 만델라 인생에 있어 커다란 사건이 발생했어요. 시술루의 권유로 아프리카 민족회의(ANC)에 가입한 거예요.

당시 아프리카 민족회의는 비폭력적인 민족운동을 펼치고 있었어요. 인도의 민족 지도자 간디의 영향을 받은 것이랍니다. 폭력을 쓰지 않고 백인들의 횡포에 저항하고 있었지요.

1940년대까지는 대학 내에서의 인종 차별이 그다지 심하지 않았어요. 흑인들도 언제 어디서든 정치에 대해 자기 생각을 자유롭게 펼쳤습니다.

그러나 10년 후엔 모든 것이 달라져 버렸지요. 대학 안에서도 인종 차별이 심해졌어요.

그때 만델라는 범아프리카주의*, 자유주의*, 마르크스주의*를 접하게 되었어요.

그러다가 점점 범아프리카주의에 끌렸지요.

"아프리카의 모든 부족을 하나로 모아, 하나의 나라를 세워야 해."

그러나 곧 그의 머릿속엔 인종주의*에 대한 골치 아픈 의문들이 생겨났어요.

▲ 간디(1869~1948)
인도의 위대한 민족주의 지도자, 비폭력주의 제창자. 마하트마(위대한 영혼)라는 이름으로 불리는 그는 영국의 식민지로 있던 조국의 독립운동에 앞장서서 인도 건국의 아버지로 존경받고 있어요.

* 아프리카 민족회의(ANC)
1912년 창설된 남아프리카 공화국에서 가장 오래된 정당으로서, 백인에 맞서 흑인들의 권리를 되찾는 데 헌신하는 단체입니다.

* 범아프리카주의
아프리카 사람들 스스로의 힘으로 아프리카 대륙을 식민 상태에서 해방시켜 통일하려는 사상이나 운동을 말해요.

* 자유주의
개인의 인격과 개성을 존중하려는 사상.

* 마르크스주의
부유하고 가난한 것으로 사람을 구분하지 않는, 계급 없는 세상을 추구하는 사상.

"유색인*들은 어떻게 하지? 범아프리카주의로 작은 부족들을 하나의 국가로 발전시킬 수는 있어. 그렇지만 백인과 인도인, 유색인들을 어떻게 아프리카 국가에 어울리게 할 수 있을까?"
그러자 안톤 렘베드가 간단히 대답했어요.
"유색인들은 안 돼! 아프리카에 세워질 국가는 아프리카에 사는 흑인들만으로 이뤄져야 해."

렘베드는 당시 얼마 되지 않았던 흑인 변호사로, 만델라에게 많은 영향을 끼친 사람이에요. 그는 항상 이렇게 외쳤어요.

"아프리카 원주민에겐 통일된 철학*이 필요해. 아프리카는 흑인들의 나라야. 우리는 아주 먼 옛날부터 아프리카에서 살아왔어. 그러니 아프리카는 흑인 원주민의 것이야!"

만델라는 렘베드의 말에 고개를 끄덕였어요.

이렇게 만델라는 여러 사람들과 의견을 나누며 점점 자신의 생각을 굳혀 가기 시작했지요.

그러나 점차 불만이 생기기 시작했어요. 만델라는 처음, 급진*적인 생각에 끌려 아프리카 민족회의에 가입했어요. 그런데 아프리카 민족회의 조직은 너무 소극적으로만 활동했어요.

"저는 아프리카 민족회의가 급진 단체라고 생각했어요. 그런데 이제 보니 완전히 신사들의 모임이군요. 언제부터 이렇게 열기가

*철학
삶을 살아가는 근본 원리나 세계와 사물을 바라보는 관점이나, 그것을 연구하는 학문을 말해요.

*급진
목적이나 이상 따위를 급히 실현하고자 하는 것

26

식어 버렸을까요? 제가 아프리카 민족회의에 새바람을 일으키고 싶어요."

만델라는 항상 이렇게 말하고 다녔답니다.

처음에 아프리카 민족회의를 설립한 사람들은 전도사들로 중산층 지식인들이었지요. 그들은 백인 정부를 몰아낼 생각은 없었어요. 단지 백인 사회에서 인정받기를 원했어요.

식민지 정치가인 세실 존 로즈*는 "모든 시민들은 흑인이든 백인이든 동등한 권리를 갖는다."라고 말했어요. 아프리카 민족회의 설립자들은 그의 말을 그대로 믿어 버린 거예요.

케이프 지방의 중산층 흑인들은 참정권*을 얻어 선거권을 행사하고 있었어요. 아프리카 민족회의 설립자들은 단지 이 참정권이 전국으로 확대되기를 원했을 뿐이었지요.

아프리카 민족회의 설립자들은 얼마 안 있으면 투표권이 모든 흑인에게 주어질 것이라고 굳게 믿었어요. 또 영국이 그런 것처럼, 아프리카도 점차 민주화될 거라고 믿었던 거예요.

그러나 이런 기대는 모두 물거품이 되고 말았어요.

1936년, 그들은 뼈아픈 좌절을 겪게 되었습니다. 백인 정부가 케이프 지방의 아프리카 인들이 가지고 있던 제한적인 참정권마저 폐지해 버렸던 거지요.

아프리카 민족회의는 대표단을 보내 항의했지만 아무런 성과도 거두지 못했어요.

▲ 인종 차별 정책에 항의하는 흑인들. 그들의 요구 속에는 언론의 자유, 선거의 권리, 교육의 권리 등 인간으로서의 기본적인 권리를 주장하는 내용들이 들어 있었어요.

* 세실 존 로즈(1853~1902) 영국의 식민지 정치가. 남아프리카에서 다이아몬드 채굴권을 독점 지배하고, 로디지아 개발 회사도 설립했어요. 1890년 케이프 식민지의 수상이 되었으나 트란스발 침입 실패로 시임했어요.

* 참정권 국민이 정치에 직접 또는 간접으로 참여하는 권리.

그 뒤로 백인들은 아프리카 민족회의를 힘없는 조직으로 여기기 시작했어요.

렘베드와 친한 활달한 젊은이들은 이 사태를 보고만 있지 않았어요. 그들은 1944년, 아프리카 민족회의 내에 청년 동맹을 만들었습니다. 만델라, 탐보, 시술루도 이 조직에 가담했지요.

그들은 아프리카 민족회의를 민중 운동* 단체로 바꾸려고 했어요. 지금처럼 연설 같은 소극적인 방법을 버리기로 했던 거예요. 그들은 과격한 방법들을 생각해 냈어요. 그리고 인도인 의회나 다른 단체들과 함께 활동하는 것을 반대했지요.

만델라는 많은 사람들 앞에서 아프리카 민족회의의 지도부를 비판했어요.

"예전에 아프리카 민족회의가 아프리카 인들에게 힘을 준 것은 사실이에요. 하지만 지금은 너무나 약해 빠졌습니다. 좀처럼 힘

*** 민중 운동**
민중이 어떤 목적을 달성하기 위하여 하는 운동.

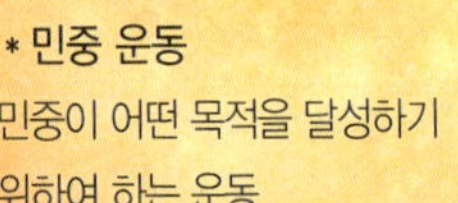

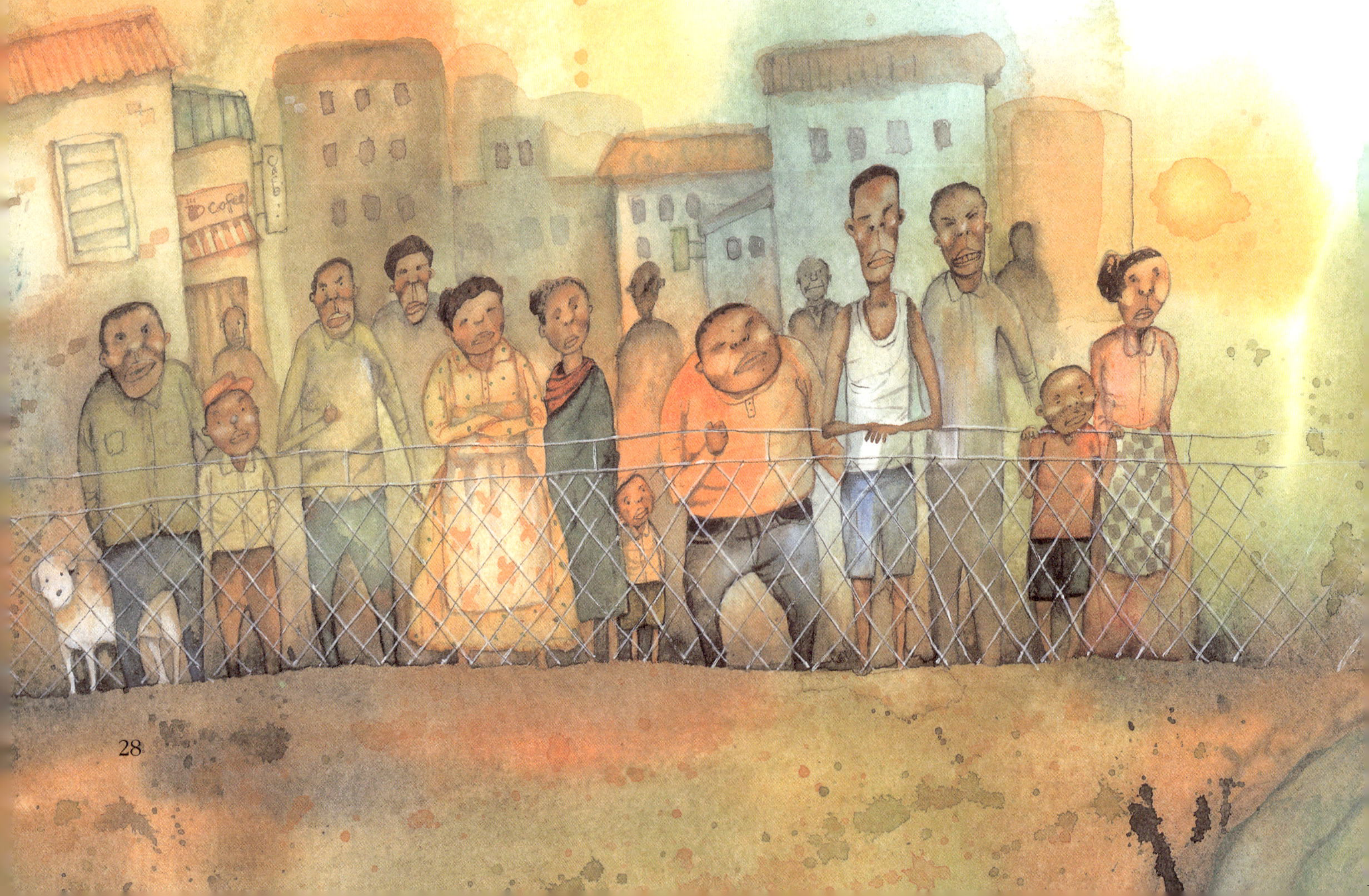

든 일을 하려고 하지 않아요. 그저 말만으로는 아무것도 할 수 없습니다. 우리에겐 진정한 아프리카 인의 철학이 필요합니다. 백인들의 사상은 필요 없어요!"
1944년, 청년 동맹의 회장으로 렘베드가 선출됐어요.
"청년 동맹이 아프리카 민족회의가 이룬 업적 모두를 부정하는 것은 아니에요. 그 분들이 투쟁을 해 왔기 때문에, 우리는 지금 예전보다 좀더 나은 조건에 있습니다. 지금은 그들이 멈춘 곳에서 다시 시작해야 할 때입니다."
이렇게 결성된 아프리카 민족회의의 청년 동맹은 열정적으로 전국적인 저항 운동을 벌이기 시작했습니다.

불복종 저항 운동

▲ 수상 말란의 인종 차별 정책에 항의하
는 포스터.

* 말란(1874~1959)
남아프리카 공화국의 총리. 인종 차별 정책
을 꾸준히 추진했어요.

아프리카 민족회의의 청년 동맹은 1952년 6월 26일, 불복종 저
항 운동을 시작했어요.

"우리에게도 백인과 똑같은 법을 적용해 달라!"

"우리도 정치에 참여할 수 있게 해 달라!"

거리마다 우렁찬 함성이 메아리쳤어요. 그러다 보면 경찰서에 끌
려가기도 했지요. 그렇지만 폭력을 쓰는 일은 없었어요. 인도의 마
하트마 간디처럼 폭력을 쓰지 않고 의견을 전달하기로 했기 때문이
에요.

만델라는 이 불복종 저항 운동의 위원장으로 선출되었어요. 이렇
게 해서 본격적으로 정치 활동의 중심 무대로 뛰어들게 된 거지요.

이 운동을 시작한 월터 시술루는 수상 말란*에게 편지를 썼어요.

'흑인에게도 백인과 똑같은 시민권을 주십시오.'
그러나 말란은 들은 척도 하지 않았어요.
그리고 짐차 인종을 차별히는 더 많은 법들이 생겨났어요.
"이제 이 지역은 백인만 사는 곳이야. 그러니 너희들은 썩 꺼지란
말야!"
정말 어이가 없었어요. 조상 때부터 몇천 년을 살아온 마을에서
쫓겨나야 했기 때문이에요.
"이제 이 버스는 백인만 타는 버스야. 너희들은 걸어오든 뛰어오
든 상관 없어!"
버스도 백인과 흑인이 타는 버스를 구별했어요. 식당도 그랬고
사는 집도 그랬어요. 백인은 무조건 좋은 것을 차지했어요.

흑인들도 가만히 있지 않았어요. 일부러 백인의 마을 안으로 들어가고, 백인 버스를 타기도 했어요.

"이 멍청한 녀석들, 너희는 법을 어겼으니 감옥에 가야 해!"

백인 경찰들은 인종 차별법을 어긴 흑인들을 잡아 가두기 시작했어요.

이렇게 8천 명이나 되는 흑인이 의도적*으로 인종 차별법을 위반하고 감옥에 들어갔답니다. 백인 경찰들도 더 이상 어쩌지 못하고 혀를 내둘렀어요.

그러나 법을 바꿀 생각은 조금도 하지 않았답니다.

"백인은 너희 더러운 검둥이보다 우월하다고. 너희들과 섞여 있으면 모든 인종의 질이 낮아지는 거야."

오히려 이렇게 말도 안 되는 말을 해댔어요.

그리고 1950년대 이후에는 유색인들의 투표권마저도 빼앗아 버렸지요.

* 의도적
목적이나 하고자 하는 생각 또는 계획이
명확한 것

백인 정부의 사람들은 몰래 모여서 회의를 했습니다.

"아프리카 인들을 따로 모아서 보호 구역(반투스탄*)을 만듭시다. 그리고 각 구역마다 추장을 하나씩 뽑는 겁니다. 흐흐흐흐."

백인 정치가들은 이런 계획을 짜며 기분 나쁘게 웃었어요.

이들의 말은 겉으로 보기엔, 흑인의 마을은 흑인 스스로 다스릴 수 있도록 한 것처럼 보였지요. 하지만 이 정책은 극단적인 인종 차별 정책인 '아파르트헤이트'*의 시작이었답니다. 백인에 의해 선출된 추장들은 모두 그들의 허수아비 노릇만 했어요.

흑인들이 백인 행세 하는 것을 막기 위해 인구 등록법도 생겼어요. 그래서 모든 사람은 태어나자마자 백인과 원주민, 유색인으로 분류되었어요.

이렇게 불공평한 법이 마구 생겨난 건 의회에 흑인 대표가 없었기 때문이에요. 백인 정치인 중 어느 누구도 흑인의 의견을 반영해 주지 않은 거지요.

1952년은 백인이 아프리카에 상륙한 지 300년이 되는 해였어요. 아프리카 민족회의 트란스발 지부의 의장으로 선출된 만델라는 1952년 내내 불복종 저항 운동을 주도했어요. 그리고 그 일로 체포를 당하고 금지령을 받게 되었어요.

'금지령'이란 흑인들의 행동을 제한히는 법이었어요.

금지령을 받은 사람들은 경찰들에게 철저히 감시를 받았어요. 그들은 어디를 가든 항상 의심과 감시의 눈초리를 받아야 했지요.

그러나 이 사건으로 7천여 명에 불과했던 아프리카 민족회의 회원은 10만여 명으로 늘어났어요. 그래서 불복종 저항 운동이 전국으로 퍼져 나가게 되었어요.

또 외국의 여러 나라도 남아프리카 안에서 일어나는 인종 문제에 대해 관심을 갖게 되었지요.

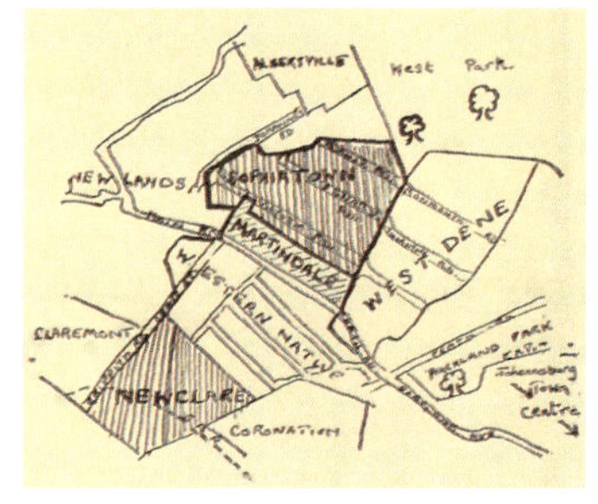

▲ 반투스탄 계획에 따라 흑인과 백인의 거주 지역을 분리하려는 요하네스버그 시 의회의 설계도.

끓어오르는 용광로

감옥에서 나온 만델라와 올리버 탐보는 요하네스버그에 법률 사무소를 냈어요. 허름한 건물에 자리 잡은 이 사무소는 남아프리카 최초의 흑인 법률 사무소였답니다.

백인들은 두 명이나 되는 흑인이 법률가로 행세한다는 것을 매우 기분 나쁘게 생각했어요.

당시 남아프리카의 감옥에 갇힌 사람의 수는 세계에서 가장 많았어요. 감옥마다 사람들이 넘쳐났지요. 아주 사소한 잘못으로 감옥에 갇힌 사람이 수도 없이 많았어요.

인종 차별 법안들이 수많은 무고*한 사람을 범죄자로 만들고 있었던 거예요.

심지어는 직업이 없는 것도 죄가 되었어요. 왜냐하면 통행증에 인적을 표기할 사항이 없기 때문이었어요. 또 땅이 없다는 것도 죄가 될 수 있었습니다.

어떤 사람은 가난한 집안 살림을 도우려고 술을 만들었다가 감옥에 갔어요. 백인에게 건방지게 구는 것도 범죄였습니다.

만델라는 부당하게 감옥에 갇히는 흑인들 편에 서서 적극적으로 그들을 변호했어요.

1955년 6월 26일, 아프리카 민족회의의 초대로 모든 인종들을 대표하는 2,884명이 국민회의를 개최하기 위해 요하네스버그에 모여들었습니다. 그리고 연설자가 앞으로 나가 '자유 헌장'을 낭독했어요.

▲ 감옥에서 나와 법률 사무소를 낼 때의 만델라(왼쪽)와 올리버 탐보.

*무고
죄가 없음.

LAW
FIRM

▲ 국민회의 지도자 156명.

"모든 인종은 얼굴색과 상관 없이 똑같은 권리를 갖습니다. 모두
가 법 앞에서 평등합니다. 모두에게 똑같은 인권이 있는 것입니
다. 국민 모두에게 배움과 문화, 주택과 안전, 평안을 누릴 권리
가 있습니다."

만델라는 금지령이 내려진 상태라 국민회의에 참석할 수 없었어
요. 그러나 감쪽같이 변장을 하고 이 역사적인 장소에 참석했어요.

만델라는 백인 정부의 태도를 예측해 보았어요.

'둘 중 하나야. 이렇게 강하게 뭉친 우리를 보면 순순히 항복을
하든가, 아니면 아주 강력하게 단속하겠지.'

만델라는 한숨을 푹 내쉬었어요.

'하지만 그렇게 쉽게 포기하지는 않을 테니…….'

점점 불길한 생각이 들었어요.

그런데 만델라의 짐작이 옳았어요. 정부는 강력하게 대응하기 시작했습니다.

"하, 자유와 평등? 반역자들은 모두 연행*해!"

정부는 1956년 12월, 치밀하게 증거를 수집한 후 국민회의 지도자 156명의 집과 사무실을 덮쳤어요. 그들은 지도자들을 체포해서 반역죄 혐의를 씌웠습니다.

▲ 반역 재판 당시의 만델라.

국민회의 지도자 156명은 재판정에 서게 되었어요. 아프리카 인과 함께 인도인, 유색 인종들도 포함되어 있었어요.

국민회의에서 발표한 자유 헌장은 반역 혐의를 씌우는 올가미가 되었던 거예요.

재판은 4년 이상 계속되었어요.

결국 모든 사람들에게 무죄가 선고되었지만, 4년 동안 아프리카 민족회의는 분열되고 말았지요.

분열은 아프리카 민족회의 내에서도 일어났지만 만델라의 결혼 생활에서도 나타나기 시작했어요.

반역 재판이 계속되는 동안, 에블린은 더욱더 많은 고통과 근심을 만델라에게 안겨 주었어요.

1957년, 만델라는 에블린과 이혼하고 말았어요.

정치적 신념과 함께 가정까지 송두리째 흔들리자 만델라의 상심은 이만저만이 아니었어요.

이때 그의 앞에 사회 운동가인 놈자모 위니프레드라는 여성이 나타났어요. 그녀는 누구보다도 만델라의 신념을 잘 이해해 주었고,

▲ 국민회의 지도자들의 체포에 항의하는
아프리카 민족회의 회원들의 시위 장면.

▲ 만델라와 위니.
두 사람은 1958년 6월 14일, 시골의 조그마
한 교회에서 친지들의 축하 속에 결혼식을
올렸어요. 위니는 아내이자 만델라의 든든
한 동지였답니다.

항상 힘을 주었어요.

만델라는 위니에게 큰 위안을 얻었어요.

평화적이고 비폭력적인 시위와 집회가 계속되었어요. 만델라는
간디처럼 비폭력적으로 문제를 해결하고 싶었어요.

그렇지만 1960년 3월, 모든 것이 바뀌고 말았어요.

샤프빌 경찰서 앞에는 많은 사람들이 모여 있었어요. 정부는 제
트기를 동원해서 겁을 주었지만 소용이 없었어요.

"통행법을 폐지하라! 폐지하라!"

흑인들은 모두 소리 높여 외쳤어요.

통행법은 인종 차별 정책 중 하나였어요. 흑인들은 항상 신분을
증명할 만한 증서를 가지고 다녀야 했던 거예요.

많은 수의 흑인들이 모여 있어서 경찰들의 분위기도 무척 삼엄했
어요.

그러다 경찰 한 명이 군중들에 밀려 넘어졌어요. 그러자 겁에 질
린 동료 경찰들이 총을 쏘기 시작했습니다.

그렇게 시작된 학살은 69명의 사망자와 200여 명의 부상자를 내
고 말았어요. 이 사건을 샤프빌 학살 사건*이라고 불러요.

* 샤프빌 학살 사건
1960년 남아프리카 공화국에서 인종 차별
정책 중 하나인 통행법에 반대하며 시위를
벌이던 흑인들을 학살한 사건. 만델라는 이
사건을 계기로 비폭력 투쟁에서 무장 투쟁
으로 방향을 바꾸게 되었어요.

그리고 이후 6개월간 2만 명 이상이 체포되었어요. 전세계 사람들은 모두 백인 정부를 비난했어요.

시위와 파업은 전국을 휩쓸었어요. 거의 모든 아프리카 인들이 출근을 거부했어요.

만델라와 몇 명의 지도자들은 함께 공개적으로 통행증을 불태워 버렸어요. 그리고 이를 지켜본 수천 명의 흑인들이 그들을 따라했습니다.

▲ 경찰의 총에 맞아 쓰러진 흑인.

보다 못한 유엔 안전보장이사회는 남아프리카 정부가 인종 차별 정책을 포기하고 인종 간의 화목을 도모할 것을 요청했어요.

그러나 백인 정부는 그 요청도 무시해 버렸어요. 그리고 아프리카 민족회의를 불법 단체라고 규정해 버렸어요. 갈수록 남아프리카의 경제는 흔들렸습니다.

만델라는 이렇게 중얼거렸어요.

"수상이 흑인들과 대화를 하고, 지금의 정책들을 버리지 않으면

우리 모두 죽고 말 거야."

사람들은 점차 적극적으로 변화를 원하기 시작했어요.

그러나 백인들의 특권은 오히려 강화되었어요.

수상은 공공연히 이런 말을 하고 다녔지요.

"남아프리카를 백인의 땅으로 만들겠습니다. 흑인들에게서 시민
권을 모두 뺏는다면, 우리 국회가 흑인들을 정치적으로 포용해야
할 도덕적 의무도 없어지는 거죠. 그렇게 백인들만의 세상을 만드
는 겁니다. 하하하하. 제가 여러분들의 꿈을 이뤄 드리겠습니다."

수상이 이야기하는 그 꿈이란 아프리카에 백인 공화국을 세우는
것이었어요.

백인 정부는 반투스탄을 더욱 강화했어요.

그때 남아프리카에는 겨우 3백만 명의 백인이 있었어요. 적은 수
의 백인이 많은 수의 흑인을 다스리기란 정말 힘들었어요. 그래서

흑인들을 조각조각 나누어 놓기로 한 거예요. 그러면 지배하기가
훨씬 쉬워지니까요.

　"흑인들은 천백만 명이 넘고, 우리 백인은 단지 3백만에 지나지
않습니다. 이제 그들을 작은 부족으로 갈갈이 찢어 놓으면 우리
는 훨씬 유리해지는 겁니다."

　백인 정치인들은 반투스탄 정책을 내세우며 마치 흑인들에게 정
치적 자유를 주는 것처럼 보였어요.

　"이건 엄청난 사기야!"

　만델라는 이 정책이 발표되자마자 소리를 질렀어요. 그러나 정부
의 정책을 막기는 힘들었습니다.

SOUTHA

백인 공화국 건설

샤프빌 학살 사건 이후에도 정부는 변하지 않았어요. 1960년 10월에는 백인들만을 모아 투표를 한 거예요. 투표의 내용은 이러했어요.

"백인들만으로 이루어진 나라를 만들겠습니다. 찬성하십니까?"

투표한 사람들 중의 52퍼센트가 찬성표를 던졌어요. 과반수 이상이 찬성한 것이었어요.

"아, 이제 더 이상 이 나라에서 흑인들이 설 자리가 없단 말인가?"

만델라는 한숨을 푹 쉬었어요. 그것은 가슴 깊은 곳에서 나오는 한숨이었어요.

▲ 전국 아프리카 인 회의에서 연설하는 만델라.

전국에서 모인 1,400여 명의 아프리카 인들이 나탈에서 '전국 아프리카 인 회의'를 열었어요.

"백인들만의 공화국이 웬 말이냐!"

"우리 조상들의 땅에서 나가라!"

"아프리카는 흑인들의 땅이다!"

만델라는 흥분한 사람들을 진정시키고 연설을 했어요. 그의 말 한마디 한마디는 사람들에게 큰 영향을 끼쳤어요.

그리고 4년째 계속되던 만델라의 재판도 드디어 끝이 났어요. 만델라는 결국 무죄 판결을 받았지요.

그러나 이 재판은 많은 피고인들에게 고통과 불행을 안겨 주었어요. 또 이 재판으로 만델라와 올리버 탐보의 법률 회사는 문을 닫아야 했지요.

▲ 무장 투쟁을 결심한 만델라는 지하 활동을 시작했어요. 어찌나 감시를 피해 잘 숨어 다녔던지 이때부터 그의 별명은 '검은 별 봄맞이꽃' 이 되었답니다.

오래 끌어 오던 재판이 끝나자 만델라를 지지하던 사람들은 모두 모여 파티를 열었습니다. 그러나 만델라는 마음이 편하지 않았어요.

'재판에선 무죄 판결이 났지만, 저들이 언제까지 날 자유롭게 내버려 두지는 않을 거야.'

만델라는 이렇게 생각하고 아무도 모르는 곳으로 숨어 버렸어요. 그리고 겉으로 드러나지 않게 지하에서 활동했어요.

한편, 정부는 갈수록 포악한 방법을 썼어요. 많은 아프리카 인들을 범죄자 취급하면서 집에 가두고 돌아다니지 못하게 하는 데 만족하지 않았지요. 흑인들을 아예 재판도 없이 감옥에 가둘 수 있는 법까지 만들었습니다.

'더 이상 안 되겠어. 이제 평화적으로 해결할 수 없겠군.'

만델라의 온 얼굴에 수심이 가득했어요.

그리고 드디어 정부는 결정을 내렸어요.

"아프리카 민족회의 최고의 홍보 요원, 만델라를 체포하라!"

만델라는 경찰을 요리조리 피해 다니다가 예상 밖의 장소에 불쑥 나타나곤 했습니다.

언론은 그에게 '검은 별 봄맞이꽃' 이라는 별명을 붙여 주었어요.

남아프리카는 점점 혼란 속으로 빠져들어 갔어요. 연이어 파업이 일어나고 거리마다 시위 행렬로 붐볐지요.

만델라는 경찰을 피해 도망다니면서도 '움콘토 웨 시즈웨' 의 최고 사령관이 되었어요.

움콘토 웨 시즈웨는 '나라를 지키는 창' 이란 뜻이에요. 아프리카 민족회의 지도자들과 공산당 지도자들에 의해 세워진 독립된 무장 단체지요.

움콘토는 경제적으로나 정치적으로 중요한 건물들을 파괴하기 시작했어요. 우체국이나 전화국 등은 물론이고 전신 철탑까지 폭파

► 흑인 무장 단체에 의해 파괴된 전신
철탑과, 그것을 알리는 신문 기사.

했습니다.

"이렇게 되면 정부도 더 이상 보고만 있지 않겠지?"

움콘토가 이렇게 건물을 파괴하고 다니는 이유는 정부와 협상을
하기 위해서였어요. 더 이상의 피해를 막기 위해서라도 정부가 그
들의 뜻을 받아 줄 거라고 생각한 거예요.

"하지만 사람을 다치게 해서는 안 됩니다. 반드시 주의하세요."

만델라는 매번 일을 벌일 때마다 항상 똑같은 주의를 주었어요.

1962년 만델라는 몰래 남아프리카를 빠져나갔어요.

만델라는 서부와 북부 아프리카를 순회하면서 여러 사람들을 만
났어요.

"지금 남아프리카는 인종 차별에 의해 엄청난 시련을 겪고 있습
니다. 저희 움콘토가 그 혼란을 바로잡겠습니다. 경제적으로나
정신적으로 저희를 지원해 주십시오."

많은 사람들이 만델라의 이야기에 동의해 주었어요. 흔들림 없는
눈동자와 확신에 찬 목소리에서 강한 신념을 느낄 수 있었기 때문
이에요.

그러는 사이 에티오피아에서 친구 올리버 탐보를 다시 만났어요. 두 사람은 너무나 반가워서 얼싸안고 기뻐했답니다.

그들은 함께 알제리에 가서 여러 가지 군사 기술을 배웠어요. 그리고 영국에서는 노동당과 자유당 당수들을 만나기도 했어요.

다시 국경을 넘어 남아프리카로 들어온 만델라는 나탈로 갔습니다. 나탈에는 남아프리카 흑인 해방 지도자인 루툴리*가 있었기 때문이지요.

"안녕하셨습니까, 선생님?"

"오랜만이네. 고생이 많네."

루툴리는 만델라를 반갑게 맞아 주었어요.

방에 들어서자, 만델라는 바로 본론부터 이야기했어요.

"선생님, 이번에 제가 서부와 북부 아프리카를 돌아보았습니다. 많은 분들이 저희에게 경제적으로 도움을 주겠다고 하셨습니다. 국가 주요 건물을 조금만 더 파괴하다 보면……"

"그런 얘기를 하려면 당장 돌아가시오!"

루툴리는 자리에서 벌떡 일어서며 버럭 화를 냈어요.

* **루툴리(1899~1967)**
남아프리카 공화국의 흑인 해방 운동 지도자. 인종 차별 정책에 대한 비폭력 저항의 공로를 인정받아 1960년 아프리카 최초로 노벨 평화상을 수상했어요.

◀ '만델라를 석방하라!'는 구호가 담벼락에 페인트로 씌어져 있어요.

"서, 선생님……."

"폭력에 폭력으로 대응하면 우리가 그들과 다를 게 뭐가 있소."

루툴리는 만델라를 꾸짖었어요. 루툴리는 결코 비폭력에 대한 평생에 걸친 헌신을 포기하지 않았기 때문이었어요.

1962년 8월 5일, 만델라는 다시 친구들이 있는 곳으로 갔어요. 경찰들의 눈을 피하기 위해 백인 친구의 운전사로 변장을 했지요.

그러나 그런 보람도 없었습니다. 경찰이 만델라를 알아봤기 때문이었지요.

만델라는 감옥에 갇히고 말았어요.

그리고 10월 22일, 파업을 선동하고 여권 없이 출국을 했다는 혐의로 법정에 섰어요.

그런데 법정이 웅성웅성해졌어요. 만델라가 아프리카 흑인의 전통적인 복장을 하고 나타났기 때문이지요. 그는 흑인 전통 복장을 입음으로써 인종을 차별하는 불합리한 법정에 대한 반항심과 흑인으로서의 자긍심을 드러냈습니다.

재판은 나흘 동안이나 계속되었어요. 만델라는 당당하게 자신을

변호했어요.

결국 만델라는 유죄 판결을 받았습니다.

"피고 만델라를 5년간 중노동형에 처한다!"

판결을 알리는 '땅땅땅!' 소리가 재판정에 울려 퍼졌어요.

하지만 만델라는 무표정한 얼굴이었습니다. 화를 내거나 슬퍼하지도 않았지요.

만델라의 아내가 된 위니 역시 무표정한 얼굴로 서 있었어요. 그러나 눈빛만은 만델라 못지않게 강렬했어요.

고문은 만델라의 일상사가 되었어요. 항상 죽음의 그림

자가 그의 주위를 맴돌고 있는 듯했지요.

1963년, 만델라가 감옥에 있을 때 다시 한 번 재판이 열렸어요. 경찰이 요하네스버그 교외의 리보니아에 있는 '움콘토'의 비밀 장소를 습격한 거예요. 그곳에서는 막대한 양의 무기와 장비들이 발견되었어요.

그리고 만델라가 외국 군대에 협조를 요청한 사실도 밝혀졌어요.

'리보니아 재판'이 열렸습니다. 만델라는 이 재판에서 종신형*을 선고받았습니다.

이렇게 해서 만델라의 길고 긴 수감 생활이 시작된 것입니다.

▲ 만델라의 부인 위니와 두 딸들.

* 종신형
죽을 때까지 감옥에 머무르게 한 무기 징역의 형벌.

로벤 섬의 지도자

　해방 운동의 주요 지도자들이 철창 뒤에 갇혀 있게 되자, 나라는 모두 정부가 원하는 상태로 되어 갔어요.

　흑인들의 저항 운동도 주춤해질 수밖에 없었지요. 그리고 정부의 탄압도 더욱 심해졌어요.

　거리에서는 백인들의 승리에 찬 웃음소리가 넘쳐났습니다.

　"하하하하, 이제야말로 살 만한 세상이 되었구만."

　"중요한 몇 놈 잡아 놓으니 찍 소리도 못 하잖아!"

　남아프리카는 그야말로 백인 공화국이 된 것처럼 보였어요.

　흑인들은 숨어서 제 목소리도 못 내고 있었어요.

　이제 백인들의 머릿속에는 흑인 폭동에 대한 공포가 희미해져 갔고, 다시 자신감을 찾게 되었던 거예요.

만델라가 갇혀 있는 감옥은 케이프타운과 가까운 로벤 섬에 있었어요.

로벤 섬은 바람이 심한 바위섬이에요. 겨울엔 끔찍하게 춥고 습한 곳이지요. 그러나 한겨울에도 죄수들은 반바지를 입어야 했어요. 물론 신발도 없었지요. 침대도 없어서 맨바닥에 이불을 깔고 자야 했어요.

간수들은 '리보니아 재판'으로 끌려온 죄수들을 특별 취급했어요. 모두를 독방에 가두었기 때문에 같이 얘기할 사람이 아무도 없었지요.

독방은 너무나 끔찍한 곳이었어요. 흐릿한 전구가 하나 걸려 있을 뿐이어서 항상 어두웠습니다. 또 다리를 뻗고 눕기조차 힘들 정도로 좁은 방이었어요. 사방은 차가운 콘크리트 벽이었지요.

그런 방에 갇히게 되자 사람들은 모두 낙심하기 시작했어요. 밝은 생각보다는 좋지 않은 생각들만 머릿속에 가득찼어요. 모두의 사기가 땅에 떨어졌지요.

만델라도 마찬가지였어요.

만델라는 감옥에 처음 왔을 때 무척 좌절했습니다.

▲ 철조망으로 둘러쳐진 로벤 섬 감옥.

"아, 이런 곳에서 일생을 마쳐야 한다니……."

아무런 희망도 없었어요. 매일매일 힘든 노동을 해야 했고, 간수들의 매질과 고문도 견뎌 내야 했지요.

만델라는 너무나 치욕스러웠어요. 그리고 너무 고통스러웠어요.

"나라와 국민을 위해 했던 일들의 대가가 결국 이것인가."

날이 갈수록 만델라의 몸은 말라 갔어요. 그뿐이 아니었어요. 정신까지 황폐해져 갔어요.

그러던 어느 날이었습니다.

아침부터 떠들어 대는 간수들 소리에 잠을 깼어요. 그리고 영양가 없는 식사로 허기진 배를 채운 뒤, 여느 때처럼 노동을 하러 나가는 길이었지요.

그때 만델라의 눈을 잡아 끄는 것이 있었어요. 어제까지도 맨땅에 흙뿐이던 채소밭에서 밝은 연두색 싹이 솟아나 있었던 거예요.

다음 날은 조금 더 자라 있고, 그 다음 날은 쑤욱 키가 커져 있었어요.

"저렇게 작고 작은 식물도 하느님의 보호 아래 자라는구나. 오, 생명의 소중함이여, 자연의 신비함이여!"

만델라는 작은 채소밭을 보면서 다시 희망을 갖기 시작했어요. 바람이 심한 로벤 섬에서도 꿋꿋하게 자라는 여린 채소들은 그에게 삶의 용기를 주었습니다.

'저 어린 생명도 하느님의 보호를 받는데, 만물의 영장*인 내가 어찌 하느님께 버림을 받을 수 있겠어? 자, 용기를 내자. 구하면 얻을 수 있을 거야!'

* 영장
가장 뛰어나 영묘한 능력을 지닌 것.

그날부터 만델라는 눈에 띄게 밝아졌어요. 힘든 노동일을 나갈 때도 항상 감사하는 마음을 갖고, 보잘것없는 음식에도 미소를 지을 수 있게 되었지요.

매일 채소가 얼마나 자라 있을까를 상상하는 것만으로도 마음이 벅차올랐어요.

"저놈이 왜 저러지?"

간수들은 만델라의 변화에 당황했어요. 이제 단념하고 풀이 죽어 있을 줄로 알았는데, 날이 갈수록 더욱더 힘을 내고 있었기 때문이었지요.

아무런 희망도 없던 죄수들은 이런 만델라의 모습에 큰 감명을
받았어요. 서로 도와 가며 함께 채소밭을 가꾸었어요.

그리고 자기가 처한 상황을 불평하기보다 좋은 쪽으로 생각하는
법을 배워 나갔어요.

이제 로벤 섬은 만델라라는 지도자를 중심으로 활기가 넘치는 곳
으로 바뀌기 시작했어요.

그러자 간수들은 새로운 방법을 쓰기로 했어요. 바로 이간질*을
하기로 한 거예요.

어느 날, 맛좋은 음식 냄새가 로벤 섬의 감옥을 휘감았어요.

평소에 멀건 죽과 딱딱하고 검은 빵만 먹던 죄수들의 입에 저절
로 침이 고였지요.

"이게 무슨 냄새지? 쩝쩝, 침이 고이는군."

"중요한 손님이라도 오는 모양이지, 뭐. 아니면 간수들끼리 파티
를 하거나."

그러나 그 음식은 감옥 안으로 들어왔어요. 죄수들의 눈은 휘둥
그레졌어요. 하얗고 따뜻한 빵과 기름진 수프, 그리고 먹음직스러
운 고기와 과일까지 있었어요. 죄수들의 눈은 음식에서 떨어질 줄

몰랐지요.

"대체 누구를 위한 음식이지?"

간수는 음식이 잔뜩 차려진 쟁반을 들고 뚜벅뚜벅 복도를 걸어 들어갔어요. 그리고 만델라의 방 앞에 섰어요.

간수는 자물쇠를 열었어요.

"만델라! 특별식이다!"

조용히 명상을 하고 있던 만델라는 그 음식을 쳐다보았어요.

'어서 이 음식을 먹어라. 그렇게 되면 배고픈 어느 누구도 너를 따르지 않을 것이다. 배고픈 동지들을 버려 두고 특별식을 먹는 지도자를 섬길 사람은 아무도 없으니까. 흐흐흐.'

간수의 얼굴엔 미소가 감돌았어요.

만델라는 방에서 일어나 밖으로 걸어 나왔어요. 모두의 시선이 만델라를 주목하고 있었어요.

만델라가 쟁반에서 수프 그릇을 집어 들었어요.

그러자 그걸 지켜보던 죄수들의 얼굴에 실망의 빛이 서렸어요.

"아, 결국 선생님도 기름진 음식 앞에 무릎을 꿇는구나……."

그때였어요.

"으악!"

만델라는 수프를 간수의 얼굴에 끼얹고, 음식 쟁반을 발로 걸어 찼어요.

"썩 물러나시오! 내가 특별식을 먹을 이유는 아무것도 없소! 당신들 머릿속에 들어 있는 유치한 생각들도 다 알고 있단 말이오!"

간수는 얼굴이 뻘게져서 화를 내며 복도를 걸어 나갔어요. 조용했던 감옥 안은 금세 만세 소리로 들끓었어요.

"만세, 만델라 만세!"

"우리의 지도자, 만델라 만세!"

죄수들은 만델라를 중심으로 더 똘똘 뭉쳤어요.

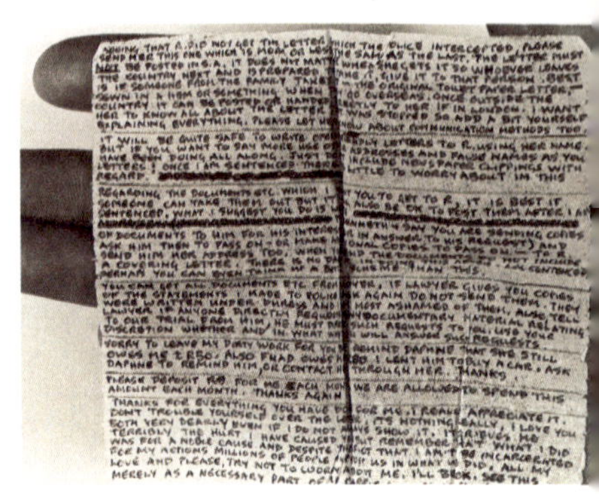

▲ 만델라는 감옥에 있는 동안 화장실 휴지에 깨알 같은 글씨를 써서 다른 사람들과 의견을 주고받았어요. 그것이 간수의 눈에 잘 띄지도 않고, 또 감추기도 쉬웠기 때문이지요.

보다 못한 간수들은 죄수들을 마구 때리고, 심한 고문을 하기도 했어요. 그러나 그들의 존경심은 사그라지지 않았어요.

만델라는 자신의 독방에 무하마드 알리*의 사진을 붙여 놓았어요. 만델라는 알리의 사진을 보면서 많은 생각을 했어요.

감옥 밖에서 들려오는 소식은 온통 우울한 것들뿐이었어요. 루툴리가 철로에서 비밀스런 죽임을 당했고, 만델라와 첫 번째 부인 사이에서 낳은 아들 템비가 사망했지요.

그러나 만델라는 결코 개인 감정을 드러내지 않았어요. 자신이 흔들리면 자신을 따르는 사람들 전체가 흔들린다는 걸 알고 있었기 때문이에요.

1970년대가 되자, 흑인 양심 운동의 젊은 지도자들이 로벤 섬에 도착하기 시작했어요. 그들은 모두 만델라와 만나기를 열망했어요. 만델라를 만나기 위해 일부러 감옥에 들어왔다는 사람이 있을 정도였어요.

만델라는 젊은 사람들의 이야기를 귀담아 들었어요. 남아프리카
에서 일어나는 새로운 발전에 대해서 항상 흥미롭게 들었고, 또 젊
은이들의 견해를 듣고 싶어했어요.

차가운 감옥 안에서 매일 토론이 벌어졌어요. 만델라는 젊은이들
의 이야기를 조용히 듣고 있다가, 자신의 생각을 한마디씩 던지곤
했어요. 토론에서는 모두가 평등했어요.

젊은 흑인 운동가들은 소박하고 사교적인 성격의 만델라
를 믿고 따르기를 주저하지 않았지요.

바깥에서 들려오는 소식은 더욱더 심각해져 갔어요.
포르스테르가 새로운 수상이 된 뒤로는 남아프리카의
상황이 더욱 안 좋아졌어요.

포르스테르는 국가 보안부라는 것을 만들고 재판
없이 흑인을 감옥에 가두거나, 무조건 집 밖으로 나
오지 못하게 하기도 했어요. 그리고 사람들을 마구
죽이기도 했어요.

이런 상황에서 만델라나 시술루와 같은 사람들은
감옥에 있었고, 아무런 지도력도 행사할 수 없었던
거예요. 당연히 아프리카 민족회의는 정부에 대해
주도권을 상실해 갔어요.

한편, 만델라의 아내 위니는 투쟁이 계속되도록 노력했어요. 정부는 그녀를 막기 위해 수단과 방법을 가리지 않았지요. 잡아다가 고문을 하기도 하고 괴한들을 시켜 목 졸라 죽이려고도 했어요. 그러나 만델라는 아내 위니를 위해서 아무것도 할 수 없었어요.

1970년대에 들어서 흑인들의 생활 조건은 더욱 악화되었어요. 곳곳에서 파업이 벌어졌고, 사람들의 분노는 극에 달하기 시작했던 거예요.

그런데 1975년에 일어난 앙골라*와 모잠비크*의 독립은 그 지역 백인들의 자신감을 흔들어 놓았어요.

앙골라와 모잠비크의 독립에 자신감을 얻은 아프리카 인들의 저항은 1980년대에 들어서자 더욱 격렬해졌습니다.

정부도 한계에 이르렀지요. 백인들은 인종 차별 정책이 효과가 없다고 불평을 하기 시작했어요. 심지어 정부조차도 이것을 깨닫기 시작했지요.

흑인의 인구 증가율은 백인들의 인구 증가율보다 훨씬 높았어요.

► 보타 대통령에게 만델라 석방을 요구하는 흑인 시위대들.

1910년에는 21퍼센트를 차지했던 백인의 인구 비율이 겨우 16퍼센트로 떨어졌어요. 백인들은 걱정했어요.

"이대로 나간다면 세기말에는 백인의 비율이 10퍼센트로 떨어지고 말 거야."

"흑인 수가 이렇게 많은데 인종 차별 정책이 무슨 소용이 있단 말야?"

백인들 사이에서도 정부에 대한 불만이 터져 나왔어요.

1978년 9월, 수상이 바뀌었어요. 새로운 수상 보타는 남아프리카의 군대를 점점 더 크게 키웠어요. 아프리카 대륙에서 그렇게 큰 군대를 가진 나라는 없을 정도로요.

그러나 흑인들의 시위는 점점 규모가 커져 가기만 했어요. 그러자 더 많은 군대가 '법과 질서를 지킨다.'는 명목 아래 생겨났지요.

만델라는 18년 동안이나 침묵했어요. 정부에서는 아프리카 사람들의 기억 속에서 그의 이름이 지워지길 바랐어요. 그러나 사람들은 만델라를 잊지 않고 있었습니다. 시위가 거세짐에 따라 그의 이름은 낙서와 깃발, 노래 등에 더욱 자주 나타났어요.

1982년, 보타는 개혁을 고려하기 시작했어요. 그리고 만델라와 다른 리보니아 사건 관련자들을 로벤 섬에서 케이프타운에 있는 풀스모어 교도소로 이감시켰어요.

그러나 끓어오르는 폭동의 기미를 잠재울 수는 없었습니다.

어려워지는 나라를 위해

　1984년 어느 날 밤, 검은 양복을 입은 두 사내가 감옥을 찾아왔
어요. 그리고 비밀스럽게 만델라의 방문을 열었습니다.

　만델라는 곧은 자세로 앉아 그들을 맞았어요.

　"무슨 일로 오셨소?"

　만델라는 공손하게 물었어요. 그러자 두 사내 중 한 사람이 말했
어요.

　"저……, 만델라 선생. 우리는 한 가지 제안을 하러 왔소."

　"……."

　만델라는 아무 말 없이 굳은 표정으로 사내들을 바라보았어요.

　"우리가 당신을 석방시켜 주겠소. 그러면 당신은 트란스케이로
가서 조용히 살아 주시오. 죽을 때까지 말이오. 그렇게만 해 준다

▶ 아프리카 민족회의의 합법화를 위한
학생 시위

면, 당장 감옥에서 나가게 해 주겠소.”
만델라는 길게 생각하지도 않고 이렇게 답했어요.
“편한 삶을 위해 내 신념을 꺾을 순 없소. 돌아가시오.”
그러자 검은 양복의 두 사내는 불편한 표정을 지었어요.
“헴, 생각했던 대로군. 하지만 잘 생각해 보시오. 이런 감옥에서
평생을 썩는 것보단 낫지 않소?”
검은 양복의 사내들은 다시 감옥 문을 닫고 사라졌습니다.
사내들은 그 뒤로 다섯 번이나 더 찾아왔어요. 그러나 만델라의
대답은 한결같았어요.
예전에 월터 시술루와 만델라가 함께 감옥 안에 있는 사진이 몰
래 해외로 유출된 일이 있었어요. 그러자 해외 여론은 더욱더 남아
프리카의 인권 문제에 관심을 기울였지요. 만델라는 이제 세계에서
가장 유명한 이름 중 하나가 되었던 거예요.

　아무리 정부라 해도 이렇게 유명 인사가 된 만델라를 마음대로
처치할 수는 없었지요. 그래서 몰래 찾아와 "풀어 줄 테니 조용히
살아 달라."고 부탁을 했던 거예요.

　한편, 남아프리카의 사정은 점점 더 안 좋아지고 있었어요. 매일
계속되는 폭동과 시위로 외국인들이 모두 자기네 나라로 돌아간 거
예요. 외국인들이 운영하던 회사들이 모두 문을 닫고, 남아프리카
에 투자하던 사람들도 모두 돈을 거둬 들였어요. 아예 남아프리카
로 오는 비행기 항로를 없애기도 했어요.

　이제 남아프리카는 통제 불능의 지역이 된 거였어요.

　전세계가 지켜보는 앞에서, 백인 군대와 경찰이 죄없는 흑인들을
폭행하고 사살했어요.

　1986년, 흑인들의 저항 운동은 줄어들지 않는 데 반해, 한편으로
백인들의 정부에 대한 반발도 거세졌습니다.

이렇게 되자 보타는 비상 사태를 선포했습니다. 그리고 독재 정치*를 시작했어요.

그는 사람들이 모여서 이야기 나누는 것을 금지해 버렸어요. 경찰들은 시민을 향해 총을 쏘아댔어요. 그리고 많은 흑인 지도자들이 암살을 당했어요.

그러던 와중인 1988년 7월 18일, 만델라는 감옥에서 70회 생일을 맞이했어요.

남아프리카의 흑인들뿐 아니라 전세계가 축하를 보냈답니다.

런던에서는 세계에서 가장 유명한 죄수를 위해 초대형 생일 잔치가 벌어졌어요.

그런데 8월의 어느 날, 만델라는 결핵에 걸려 병원으로 급송되었어요.

두 달 후에는 많이 나아졌지만 정부는 만델라를 예전에 있던 감옥으로 돌려보내지 않았습니다. 따로이 빅토르 버스터 감옥의 한

간수 사옥으로 옮겼지요.

1989년 초, 막다른 골목에 선 보타는 결국 사퇴를 강요당했어요. 그 자리는 드 클레르크*가 대신하게 되었어요. 그는 보타가 해결하지 못한 많은 문제들을 고스란히 물려받았지요.

국외나 국내에서의 압력이 증대하고 있었어요. 이 시점에서 드 클레르크는 흑인들의 조건을 빈아들이기로 했습니다.

1990년 2월에 드 클레르크는 아프리카 민족회의를 비롯해 33개 단체에게 자유를 주었습니다. 그는 전세계가 남아프리카의 인종 차별 정책에 반대한다는 것을 알고 있었어요.

그리고 1990년 2월 11일 전세계가 지켜보는 가운데 만델라가 27년 만에 출옥하였습니다. 그의 검고 숱 많은 머리카락은 어느새 허연 백발로 변해 있었어요.

만델라는 출옥한 후에 어떤 행동을 취했을까요?

백인들의 인종 차별 정책에 가장 큰 피해를 입었던 만델라. 모든

* 드 클레르크(1936~)

남아프리카 공화국의 대통령으로서, 인종 차별 정책 폐지에 결정적 역할을 한 것이 인정되어 1993년, 만델라와 함께 노벨 평화상을 받았어요.

국민과 전세계가 그를 지지하고 있으므로 백인들에게 복수를 했을
까요? 아니에요. 만델라는 출옥한 그날부터 용서와 화해의 사도*로
변신했어요.

만델라는 많은 사람들 앞에 서서 연설을 했어요.
"나의 꿈은 남아프리카에 사는 모든 사람들이 피부 색깔에 관계
없이 함께 어울려 사는 것입니다. 과거에 얽매여서 나의 고통을
보상받으려는 일은 하지 않을 것입니다."

*사도
신성한 일을 위하여 헌신적으로 일하는 사
람을 비유하여 이르는 말.

70

광장에 모여 있던 사람들 모두가 환호와 박수를 보냈어요. 방송을 통해 이를 지켜본 세계인들도 만델라에게 아낌없는 지지를 보냈습니다.

석방된 후, 만델라는 드 클레르크 대통령과 함께 나랏일을 상의했어요. 새로운 헌법도 만들어야 했고, 여러 중요 인물들을 만나 보아야 했지요.

1990년 5월, 정부는 억압적인 법률들을 폐지하고 정치범들을 석방했어요. 그리고 만델라는 아프리카 민족회의를 설득해서 무장 투쟁을 중지시켰어요.

정부는 마침내 비상 사태를 해제했습니다.

◀ UN 총회에서 연설하는 도중 기립 박수를 받고 있는 만델라.

그러나 폭력 사태는 계속적으로 발생했어요. 백인들은 백인들대로 흑인들은 흑인들대로, 새로운 변화에 적응하지 못하는 사람들이 있었던 거예요.

수백 년에 걸친 흑백의 갈등은 쉽사리 풀리지 않았어요.

1993년 4월이었어요. 여러 단체들 간의 협상을 주도하던 남아프리카 공산당 대표 크리스 하니가 암살되는 사건이 발생했어요. 암살자는 백인 우익 단체의 회원이었지요.

하니의 암살은 모든 남아프리카 인들에게서 두려움을 자아냈어요. 다시 한 번 피비린내 나는 싸움으로 이어질 것이 확실했기 때문이지요.

만델라는 사흘 동안 계속해서 텔레비전에 출연했어요. 그는 국민들에게 진정하라고 호소했습니다.

만델라의 진정한 호소는 다행히도 큰 효과를 거두었어요. 그의 애끓는 호소 덕분에 남아프리카의 '피의 악순환*'을 막을 수 있었답니다.

*악순환
어떤 나쁜 현상이 자꾸 되풀이되는 일.

한편, 노르웨이 노벨상 심사 위원회는 아파르트헤이트를 해체하
는 데 공헌한 업적을 들어 만델라와 드 클레르크에게 노벨 평화상
을 수여한다고 발표했어요. 흑과 백의 완벽한 조화를 이룬 것이었
어요.

변화를 싫어하는 백인들은 여전히 테러를 저질렀지만, 선거를 중
지시키지는 못했어요.

1994년 4월 27일, 76세가 된 넬슨 만델라는 태어나서 최초로 선

거권을 얻었습니다.

수백만 명의 흑인들이 생애 처음으로 투표를 하기 위해 몇 시간 동안이나 참을성 있게 기다렸어요.

이날, 만델라는 당당히 백인 후보자를 물리치고 대통령에 당선되었습니다.

이로써 조직적인 인종 차별은 종지부를 찍고, 남아프리카에서 최초로 민주적으로 선출된 흑인 대통령이 된 것이지요. 그리고 드 클레르크는 부통령으로서 만델라의 일을 몸과 마음으로 도왔어요.

만델라가 대통령직을 수행하고 있던 1995년, 요하네스버그에서 럭비 월드컵이 열렸어요. 남아프리카의 럭비 팀은 모두 백인 선수들로 짜여져 있었지요.

만델라는 직접 경기장으로 가서 백인 선수들을 응원했어요. 이를 본 관중들의 가슴은 감동으로 벅차올랐습니다.

"넬슨 만델라 대통령 만세!"

"넬슨, 넬슨!"

경기장을 가득 메운 수만 명의 백인 관중들은 자신의 손으로 뽑은 흑인 대통령의 이름을 부르며 환호했어요.

그리고 럭비 월드컵의 우승컵을 차지하게 되었지요.

백인 선수들은 이렇게 외쳤어요.

"우린 만델라를 위해 싸웠습니다. 그리고 이겼습니다!"

만델라는 흑인만을 해방시킨 게 아니었어요. 백인도 공포에서 해방시켰던 것입니다.

이제 남아프리카는 자유의 땅이 되었습니다.

▲ 스위스 취리히에서 실시한 2010년 제 19회 월드컵 개최지 선정 투표에서. 남아프리카 공화국이 개최지로 확정된 가운데 만델라 전 남아아프리카 공화국 대통령이 기뻐하고 있어요.

우리 모두는 신의 아이입니다.

움츠러들어서는 세상을 구할 수 없습니다.

당신 옆의 사람들이 불안해할까 봐

뒷걸음질치는 것은 옳지 못한 일입니다.

우리는 우리 안에 존재하는 신의 영광을

드러내기 위해 이 세상에 왔습니다.

그것은 몇몇 사람들에게만 있지 않습니다.

우리 모두의 마음 안에 있습니다.

－넬슨 만델라의 대통령 취임사 중에서.

한눈에 보는 만델라의 생애

남아프리카 공화국은 17세기 중반부터 시작된 백인의 지배로 고통받아 온 나라예요. 빈곤과 질병, 무지 속에서 살아온 남아프리카 흑인들의 인권과 자유를 위해 그 누구보다도 앞장선 사람이 넬슨 만델라랍니다. 그는 흑인이 탄압받을 때 그들을 위해 싸웠으며, 모든 고난을 물리치고 대통령이 된 뒤에는 백인에게 용서와 화해의 손길을 내밀었어요. 인간 정신의 위대한 승리를 보여 준 만델라, 사람들은 그를 가리켜 '아프리카의 별'이라고 부른답니다.

▲템부 족 추장 복장을 입은 만델라.

● 젊은 시절

만델라는 남아프리카의 트란스케이에서 태어났어요. 그의 아버지는 템부 족 한 작은 마을의 지도자였어요. 10세 때 아버지를 잃은 그는 아버지의 친구인 템부 족 추장의 도움을 받으며 자랐지요. 그 후 포트헤어 대학에 입학한 만델라는 평생의 벗 올리버 탐보 등 많은 친구를 사귀었지만, 학생 운동을 하다가 퇴학당하고 말았어요.

집안에서는 만델라를 결혼시키려 했지요. 그러나 마음의 준비도 되어 있지 않은데다가 부모님

▲템부 족 아이들.

▲욘긴타바

이 정해 준 대로 결혼하는 것이 싫었던 만델라는 요하네스버그로 도망쳤어요. 그곳에서 탄광을 떠돌며 지내던 만델라는 우연한 기회에 아프리카 민족회의 사무총장으로서 흑인 인권 운동에 앞장서던 월터 시술루를 만나게 되었고, 그때부터 만델라는 차츰 흑인들의 인간다운 삶을 위해 고민하기 시작했어요.

● 아프리카 민족회의

고학으로 버트바터스란트 대학 법학과에 들어간 만델라는 한편으로 아프리카 민족회의에도 참여하고 전국적인 저항 운동을 벌임으로써 금세 지도자로 떠올랐어요. 하지만 흑인에 대한 정부의 탄압은 날이 갈수록 더욱 심해졌습니다. 그때 만델라는 아프리카 민족회의의 간부로서 불복종 저항 운동을 이끌었지만 그것이 빌미가 되어 1952년 감옥에 들어가고 말았어요.

감옥에서 나온 만델라는 오랜 친구인 올리버 탐보와 함께 법률 사무소를 내

▲만델라를 흑인 인권 운동으로 끌어들인 시술루.

▲흑인 학생들의 열악한 교육 환경.

▲무장 투쟁 시절 알제리 군대 지휘관과 함께.

어 못 배우고 가난한 흑인들을 위해 봉사하면서 흑인 인권 운동에 더욱 열심히 참여했어요. 그때 또다시 1955년 국민회의의 '자유 헌장' 선포식에 참석한 것이 죄가 되어 재판에 넘겨졌지만, 그 재판은 결국 무죄로 판결나 석방되었어요. 그러나 뭐니 뭐니 해도 만델라의 삶을 결정적으로 뒤바꾼 사건은 샤프빌 학살 사건이었어요.

▲호송차에 실려 잡혀가는 흑인 지도자들.

　1960년 3월, 시위를 하는 흑인들을 향해 경찰이 무차별 사격을 가함으로써 수많은 사망자를 낸 그 사건을 계기로 만델라는 지금까지의 불복종 저항 운동에서 무장 투쟁으로 방향을 바꾸어 정부의 주요 시설물들을 파괴하기 시작했어요. 그 시절 만델라는 '검은 별 봄맞이꽃'이라는 별명을 얻을 정도로 활약이 대단했어요. 하지만 언제까지나 감시의 눈을 피할 수만은 없었던 만델라는 1962년 8월에 체포되어 5년의 징역형을 선고받았고, 감옥에 있는 동안 그의 죄가 더욱 밝혀져 결국 1963년 6월에 종신형을 선고받았어요.

▲국민회의 지도자들을 반역죄로 체포한 것에 항의하는 흑인 군중들.

▲ 출옥 후 자신이 갇혔던 감옥을 방문해
회상에 잠긴 만델라.

▲ 로벤 섬 감옥 정문.

만델라가 갇힌 감옥은 로벤 섬에 있는 악명 높은 곳이었어요. 그는 그 감옥에서 처음에는 절망했지만, 곧 깊은 사색과 젊은 동료들과의 토론을 통해 존경받는 지도자로 다시 태어났어요.

그사이 감옥 밖의 사정도 많이 바뀌었어요. 세계 여론은 흑인에 대한 무자비한 탄압과 인종 차별 정책을 일삼는 남아프리카 공화국에 대해 비난의 화살을 퍼붓기 시작했고, 견디다 못한 당시 대통령 클레르크는 마침내 만델라를 석방했어요. 그것이 1990년 2월 11일, 만델라가 감옥에 갇힌 지 27년째요, 그의 나이 72세 때의 일이었답니다.

만델라가 더욱 위대해 보이는 것은 석방된 뒤에 보여준 행동 때문입니다. 그는 백인들에게 복수하지 않고 오히려 용서와 화해의 손을 내밀었어요. 서로를 원수처럼 여기고 싸우는 것보다는 백인과 흑인이 힘을 합쳐 더욱 살기 좋은 나라로 만드는 것이 옳은 일이라고 생각한 것이지요. 만델라의 진실은 결국 전세계인이 평가해 주었습니다. 1993년, 남아프리카 공화국의 인종 차별 철폐에 기여한 공로를 높이 평가해서 그에게 노벨 평화상을 안겨 주었지요.

▲ 만델라 석방을 요구하는 흑인 시위대들.

▲대중 연설을 하는 만델라.

● 대통령 만델라

1994년 4월, 만델라는 국민들의 엄청난 지지를 받으며 남아프리카 공화국 대통령에 당선되었어요. 그것은 최초의 흑인 대통령인 동시에 기나긴 인종 차별 정책의 사슬을 끊는 순간이었어요. 만델라는 대통령에 당선된 뒤에도 백인들에게 그 어떤 나쁜 짓도 하지 않았어요. 흑인과 백인이 온전히 힘을 합칠 때에만 살기 좋은 세상이 된다는 것이 그의 신념이었기 때문이지요. 그리고 대통령 임기가 끝난 후에도 그는 결코 자리에 욕심 내지 않고 물러나 아프리카의 평화를 위해 마지막 힘을 쏟고 있답니다.

▲만델라 지지자들.

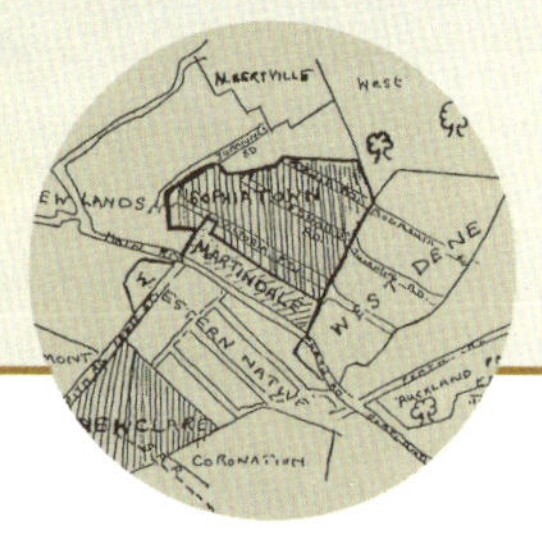

● 백인 우월주의에서 나온 것

영국의 식민지였던 남아프리카 공화국은 유럽에서 건너온 소수의 백인이 국민의 대다수를 차지하는 흑인들을 지배하고 노예처럼 부려먹었어요. 인구 10명 중 고작 1~2명의 비율인 백인이 나머지 8~9명의 흑인들을 일꾼으로 부렸으니 백인은 부유해지고 흑인은 점점 가난해지는 것은 당연한 이치지요.

참다 못한 흑인들은 자신들의 권리를 요구하기 시작했어요. 그러나 원래 백인들은 흑인들보다 우수하다고 생각했으며, 흑인들의 권리를 되찾아 주면 가난해지게 될 것을 두려워하여 갖은 잔꾀를 내어 흑인들의 요구를 무시하고 괴롭혔답니다. 아파르트헤이트는 이와 같은 백인들의 잔꾀에서 나온 각종 정책들을 가리키는 말로서, 원래는 '분리'나 '차별'이라는 뜻을 지닌 아프리칸스 어(남아프리카 공화국의 네덜란드 어)에서 나온 말이에요.

● 각종 악법들

아파르트헤이트의 핵심은 말 그대로 백인과 흑인을 분리하고 차별하는 데 있었어요. 그래서 만든 각종 악법을 예를 들면, 흑인은 반드시 신분증을 가지고 다녀야 한다는 법률, 흑인과 백인 간의 결혼을 금지하는 법률, 흑인에게는 선거권도 주지 않고 흑인은 정치도 할 수 없다는 법률,

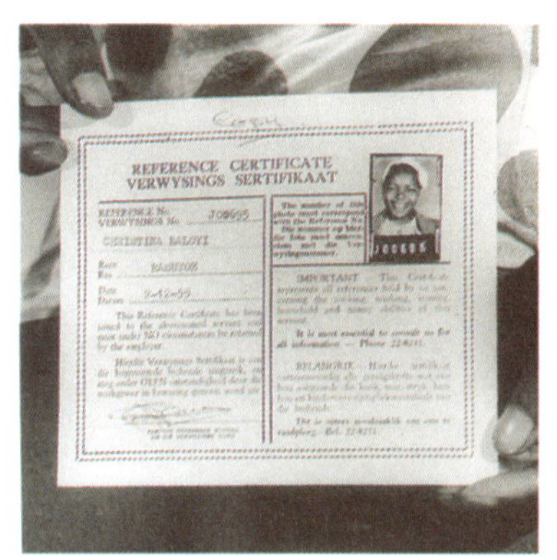

▲ 경찰의 검문을 당하는 흑인.

▲ 흑인 여성 신분증.

▼ 자동차를 타지 못하고 걸어서 출근하는 흑인 노동자들.

흑인과 백인 간의 거주 지역을 따로 정하고 마땅히 해야 할 일도 다르다는 법률, 흑인은 높은 수준의 교육을 받을 수 없다는 법률 등 수없이 많았어요.

● 국내외의 저항

아파르트헤이트는 먼저 남아프리카 공화국 흑인들은 물론 일부 백인들의 저항에도 부딪쳤어요. 흑인들의 반대는 당연하지만, 일부 백인들까지 반대한 까닭은 이랬답니다. 그때까지 실제 일터에서 땀 흘려 일하는 사람들의 대부분은 흑인이었는데, 아파르트헤이트에 따라 흑인들을 분리시키면 일할 사람이 마땅찮았기 때문이지요. 그런 백인들은 흑인들의 시위와 폭동을 뒤에서 도와주기도 했으며, 백인들의 도움을 받은 흑인들은 더욱 끊임없이 저항을 했어요.

국외에서도 야만적인 아파르트헤이트에 대해 많은 비난을 퍼부었답니다. 세계 여러 나라에서는 하루빨리 남아프리카 공화국이 아파르트헤이트를 없애기를 요구했어요.

● 아파르트헤이트의 종말

국내외의 끊임없는 저항 속에서도 아파르트헤이트는 꿋꿋이 버티면서 흑인들을 계속 괴롭혔어요. 그러다가 더 이상 버티지 못하고 무너져 내리기 시작한 것이 1990년대 들어 드 클레르크가 대통령이 되고 나서입니다. 그때 비로소 흑인들에게도 정치에 참여할 수 있는 기회가 주어졌으며, 바뀐 법률에 따라 만델라가 대통령 선거에 출마해 당선됨으로써 사람이 사람을 차별하고 탄압하는 야만적인 아파르트헤이트가 종말을 맞았답니다.

▲ 아파르트헤이트의 철폐를 요구하는 백인 지식인들.

◀ 우리 모두는 신의 아이입니다.
움츠러들어서는 세상을 구할 수 없습니다.
당신 옆의 사람들이 불안해할까 봐
뒷걸음질치는 것은 옳지 못한 일입니다.
우리는 우리 안에 존재하는 신의 영광을
드러내기 위해 이 세상에 왔습니다.
그것은 몇몇 사람들에게만 있지 않습니다.
우리 모두의 마음 안에 있습니다.
一넬슨 만델라의 대통령 취임사 중에서.

만델라 (1918~) 연표

·	만델라의 생애	한국사 주요 사건	세계사 주요 사건
1918	7월 18일, 남아프리카의 트란스케이에서 태어남.	3 · 1 운동(1919).	폴란드, 독립 선포.
1937	기독교 학교인 힐드타운에 입학함.	손기정, 베를린 올림픽 마라톤 우승(1936).	중 · 일 전쟁 발발.
1938	포트헤어 대학에 입학함.		
1942	아프리카 민족회의(ANC)에 가입함.	조선어학회사건.	
1944	아프리카 민족회의 청년동맹을 결성함.	국가총동원법에 의거, 징용제 실시.	
1946	에블린 메이스와 결혼함.	1차 미 · 소 공동위원회.	
1949	12월 아프리카 민족회의가 청년 동맹의 행동 규칙을 만들고 추진함. 국민들을 인종별로 분리시키기 위한 인구 등록법과 집단 영역법이 통과됨.		북대서양조약기구(NATO) 성립. 중화인민공화국 수립.
1952	트란스발 지역 아프리카 민족회의의 회장이 됨. 요하네스버그에서 친구 올리버 탐보와 같이 법률사무소를 차림.	제1차 한일회담 개최.	영국에서 엘리자베스 2세 즉위.
1957	에블린과 이혼함.	유엔 총회, 유엔 감시하의 총선거 결의.	아이젠하워 독트린 발표.
1958	놈자모 위니프레드와 결혼.	진보당 사건 발생.	프랑스에서 드골 내각 성립.
1960	반역죄로 몰렸으나 무죄로 판결받음.		
1961	아프리카 민족회의의 무장 조직인 움콘토 웨 시즈웨의 사령관이 됨.	5 · 16 군사정변.	유인 우주선 발사(소련).
1962	서부 · 북부 아프리카 여행을 갔다 오자 법을 어기고 나라를 떠났다는 죄로 체포되어 5년 형을 선고받음.	제1차 경제 개발 5개년 계획 발표.	미국, 쿠바 봉쇄.
1963	ANC의 비밀 본부가 발각된 후 감옥에 있는 동안 사보타주 혐의로 고발당함. 리보니아 재판에서 무기 징역을 선고받아 로벤 섬 감옥에 갇힘.	박정희 대통령 취임(제3공화국).	미국-소련 간 직통 전화(핫라인) 개설 협정.
1976	남아프리카 공화국의 교도장관인 지미 크루거가 출신지를 인정하면 자유를 주겠다고 한 제의를 거절함.	경제기획원, 제4차 경제 개발 5개년 계획 발표.	천안문 사건.
1985	보타 대통령이 넬 폭력을 거부한다면 석방시켜 주겠다고 제의했으나 거절함.	남북한 고향 방문단, 서울 · 평양 왕래.	아시아 · 아프리카 회의 개최.
1986	정부가 긴급 사태를 선언함.	아시아 경기대회 개최.	고르바초프, 페레스트로이카 추진.
1988	70번째 생일을 맞음. 빅토르 버스터 감옥으로 옮겨짐.	서울 올림픽 대회 개최.	
1990	드 클레르크 대통령이 아프리카 민족회의와 범아프리카 회의, 공산당과 다른 단체의 해금령을 발표함. 아무 조건 없이 감옥에서 석방됨.		독일 통일.
1993	드 클레르크와 함께 노벨 평화상을 받음.	금융실명제 실시.	우루과이 라운드 협상 타결.
1994	최초의 다인종 선거에서 아프리카 민족회의가 승리함. 남아프리카 공화국 최초의 흑인 대통령에 취임함.		

① 만델라가 태어나고 살았던 남아프리카 트란스케이는 어떤 곳이었나요?

② 만델라가 변호사가 되겠다고 마음먹은 이유는 무엇인가요?

③ 만델라와 함께 변호사 사무실을 열어 흑인들의 인권 운동을 도왔고, 아프리카 민족회의의 지도자를 맡는 등 백인 정부에 대한 비폭력 저항, 파업 등을 주도한 사람으로 만델라의 평생의 벗은 누구인가요?

④ 1912년 창설된 남아프리카 공화국에서 가장 오래된 정당으로서, 백인에 맞서 흑인들의 권리를 되찾는 데 커다란 공헌을 한 이 단체를 무엇이라고 하나요?

⑤ 아프리카 민족회의는 비폭력적인 민족운동을 펼치고 있었어요. 이것은 인도의 독립을 이끌어 낸 민족 지도자인 이 사람의 영향을 받은 것이지요. 인도 건국의 아버지로 불리는 이 사람은 누구일까요?

⑥ 만델라가 남아프리카 공화국의 자유와 평등을 위해서 노력한 공로를 인정받아 받은 노벨상은 무엇이었을까요?

⑦ 남아프리카의 인종 차별 정책을 무엇이라고 하나요?

⑧ 1960년 남아프리카 공화국에서 인종 차별 정책 중 하나인 통행법에 반대하며 시위를 벌이던 흑인들을 학살한 사건으로, 만델라는 이 사건을 계기로 비폭력 투쟁에서 무장 투쟁으로 방향을 바꾸게 되지요. 이 사건은 무엇인가요?

⑨ 만델라가 로벤 섬에 갇힌 이유는 무엇이며, 이곳에서 무엇을 보고 새로운 희망과 용기를 얻었을까요?

⑩ 만델라에게서 본받을 점이 무엇인지 말해 보세요.

〈교과서 큰 인물 이야기〉교과 수록 및 연계표

테마	권	작품	교과 수록 및 연계
의지와 기상	01	광개토대왕	초등학교 읽기 5-1 8.함께하는 세상 166쪽, 사회과 탐구 5-1 1.하나 된 겨레 20쪽, 중학교 역사(상) II.삼국의 성립과 발전, 대교 42쪽
	02	을지문덕	초등학교 사회과 탐구 5-1 1.하나 된 겨레 28쪽, 중학교 역사(상) III.통일 신라와 발해, 두산동아 71쪽
	03	계백	중학교 역사(상) III.통일 신라와 발해, 대교 78쪽
	04	김유신	초등학교 사회과 탐구 5-1 1.하나 된 겨레 30쪽, 중학교 역사(상) III.통일 신라와 발해, 두산동아 74쪽
	05	강감찬	초등학교 듣기·말하기·쓰기 4-2 2.하나씩 배우며 34쪽, 중학교 역사(상) IV.고려의 성립과 발전, 두산동아 104쪽
	06	이순신	초등학교 사회과 탐구 5-1 3.유교 전통이 자리 잡은 조선 102쪽, 도덕 6 1. 귀중한 나, 참다운 꿈 19쪽
	07	알렉산더	중학교 역사(상) VII.통일 제국의 형성과 세계 종교의 등장, 대교 235쪽
	08	나폴레옹	초등학교 생활의 길잡이 3-2 1.소중한 나 17쪽
	09	칭기즈 칸	중학교 역사(상) IX.교류의 확대와 전통 사회의 발전, 대교 288쪽
지혜와 용기	10	장보고	초등학교 읽기 4-2 5.정보를 모아 98쪽, 사회과 탐구 5-1 1.하나 된 겨레 34쪽, 중학교 역사(상) III.통일 신라와 발해, 대교 96쪽
	11	왕건	초등학교 사회과 탐구 5-1 2.다양한 문화를 꽃피운 고려 44쪽, 중학교 역사(상) IV.고려의 성립과 발전, 두산동아 98쪽
	12	최영	사회과 탐구 5-1 3.유교 전통이 자리 잡은 조선 76쪽, 중학교 역사(상) V.고려 사회의 변천, 대교 167쪽
	13	정약용	초등학교 도덕 4 1.최선을 다하는 생활 17쪽, 국어 6-1 읽기 6.타당한 근거 122쪽, 중학교 도덕 1 I.도덕적 주체로서의 나, 미래엔 52쪽
	14	세종대왕	초등학교 사회과 탐구 5-1 3.유교 전통이 자리 잡은 조선 83쪽, 읽기 6-2 5.언어의 세계 125쪽
	15	황희	초등학교 생활의 길잡이 4-2 3.따스한 손길 행복한 세상 57쪽
	16	성삼문	중학교 역사(상) VI.조선의 성립과 발전, 미래엔컬처그룹 178쪽
	17	이항복	중학교 도덕 1 II.우리·타인과의 관계, 두산동아 97쪽
	18	신채호	초등학교 사회과 탐구 5-2 2.새로운 문물의 수용과 자주독립 67쪽, 중학교 역사(상) III.통일 신라와 발해, 대교 80쪽
자유와 인권	19	링컨	초등학교 읽기 4-2 3.서로 다른 의견 49쪽, 도덕 5 2.감정, 내 안에 친구 41쪽
	20	간디	초등학교 도덕 6 4. 서로 배려하고 봉사하며 79쪽, 중학교 국어 1-2 4.체험과 깨달음, 디딤돌 125쪽, 도덕 2 III.사회·국가·지구 공동체와의 관계, 두산동아 177쪽
	21	전봉준	초등학교 사회과 탐구 5-2 2.새로운 문물의 수용과 자주독립 43쪽
	22	안중근	초등학교 도덕 6 6.용기, 내 안의 위대한 힘 120쪽, 사회과 탐구 5-2 2.새로운 문물의 수용과 자주독립 37쪽
	23	마틴 루터 킹	초등학교 사회 6-2 1.우리나라의 민주 정치 41쪽, 듣기·말하기·쓰기 6-2 6.생각과 논리 122쪽, 중학교 도덕 2 III.사회·국가·지구 공동체와의 관계, 두산동아 176쪽
	24	만델라	초등학교 생활의 길잡이 6 6.용기, 내 안의 위대한 힘 99쪽, 중학교 도덕 2 I.일과 배움, 디딤돌 56쪽
	25	김구	초등학교 도덕 3 8.자랑스러운 대한민국 209쪽, 사회과 탐구 5-2 2.새로운 문물의 수용과 자주독립 37쪽,
	26	유관순	초등학교 도덕 3-1 5.나라를 사랑하는 마음 99쪽, 읽기 5-1 8.함께하는 세상 170쪽, 사회과 탐구 5-2 2.새로운 문물의 수용과 자주독립 37쪽
	27	안창호	초등학교 도덕 6 2.책임을 다하는 삶 45쪽, 사회과 탐구 5-2 2.새로운 문물의 수용과 자주독립 37쪽, 읽기 6-2 3.문제와 해결 78쪽
예술과 창조	28	신사임당	중학교 역사(상) VI.조선의 성립과 발전, 대교 197쪽
	29	김홍도	초등학교 읽기 4-2 2.하나씩 배우며 32쪽, 중학교 역사(상) VI.조선의 성립과 발전, 대교 199쪽
	30	이중섭	초등학교 듣기·말하기·쓰기 6-2 1.문학과 삶 14쪽
	31	레오나르도 다 빈치	중학교 역사(상) VIII.다양한 문화권의 형성, 대교 279쪽
	32	모차르트	초등학교 음악 6 1.나가자! 달리자!, 금성출판사 13쪽, 중학교 음악 1 5.자연을 노래하는 우리, 금성출판사 74쪽
	33	베토벤	중학교 도덕 2 IV.문화와 도덕, 미래엔컬처그룹 265쪽, 도덕 3 IV. 삶과 종교, 두산동아 183쪽, 천재교육 198쪽
	34	슈베르트	중학교 음악 1 6.서정을 노래하는 우리, 금성출판사 88쪽
	35	안데르센	초등학교 듣기·말하기·쓰기 6-1 국어 교실 함께 가꾸기 146쪽
	36	셰익스피어	고등학교 문학(상) II. 문학의 수용, 미래엔컬처그룹 92쪽, 문학(하) X.한국 문학과 문화, 교학사 307쪽
	37	톨스토이	초등학교 읽기 4-2 4.이럴 때는 이렇게 74쪽, 읽기 5-2 6.깊은 생각 바른 판단 158쪽, 중학교 도덕 3 I.삶의 목적, 중앙교육진흥연구소 42쪽
	38	스필버그	고등학교 문학(상) V.극문학의 수용과 창작, 태성 310쪽